Worte, die stärken

Weisheiten für
den Augenblick

Herausgegeben von
Iris Seidenstricker

Deutscher Taschenbuch Verlag

Von Iris Seidenstricker (Hrsg.) bei dtv
ebenfalls erschienen:

›Weisheiten der Bibel‹ (34270)
›Worte, die wirken‹ (34435)

Originalausgabe
Oktober 2008
© Deutscher Taschenbuch Verlag GmbH & Co. KG,
München
www.dtv.de
Umschlagkonzept: Balk & Brumshagen
Umschlagfoto: ›Schöne Tulipane *Hevelmann*‹
von Maria Sibylla Merian
Satz: Greiner & Reichel, Köln
Gesetzt aus der Monotype Baskerville 10,5/12,25ʼ
Druck und Bindung: Druckerei C. H. Beck, Nördlingen
Gedruckt auf säurefreiem, chlorfrei gebleichtem Papier
Printed in Germany · ISBN 978-3-423-34503-3

Inhalt

Vorwort

»Denken ist wundervoll – aber noch wundervoller ist das Erleben.«
Oscar Wilde

Wie schon ›Worte, die wirken‹ möchte auch ›Worte, die stärken‹ mit ausgewählten Zitaten bekannter Persönlichkeiten aus Politik, Kunst, Philosophie, Religion und Gesellschaft inspirieren und neue Impulse für das eigene Handeln schenken.

»Tu erst das Notwendige, dann das Mögliche, und plötzlich schaffst du das Unmögliche.«
Franz von Assisi

Iris Seidenstricker

Nur wer für den Augenblick lebt …

Erwarte nichts. Heute: Das ist dein Leben.
Kurt Tucholsky

❧

Nur wer für den Augenblick lebt, lebt für die Zukunft.
Heinrich von Kleist

❧

Die wichtigste Stunde ist gerade die Gegenwart, der bedeutendste Mensch der, der dir gerade gegenübersitzt, das Notwendigste ist stets die Liebe.
Meister Eckhart

❧

Fang jetzt zu leben an und zähle jeden Tag als ein Leben für sich.
Seneca

❧

Zeit, die wir uns nehmen, ist Zeit, die uns etwas gibt.
Ernst Ferstl

❧

Das Problem ist, dass wir glauben, wir hätten Zeit.
Buddha

Nicht den Tod sollte man fürchten, sondern dass man nie beginnen wird, zu leben.
Mark Aurel

Monde und Jahre vergehen. Aber ein schöner Moment leuchtet das Leben hindurch.
Franz Grillparzer

Unsere Hauptaufgabe ist nicht, zu erkennen, was unklar in weiter Entfernung liegt, sondern zu tun, was klar vor uns liegt.
Thomas Carlyle

Nicht der Tage erinnert man sich, man erinnert sich der Augenblicke.
Cesare Pavese

Bereit sein ist viel; warten können ist mehr. Doch erst den rechten Augenblick nutzen, das ist alles.
Arthur Schnitzler

Den Augenblick immer als den höchsten Brennpunkt der Existenz, auf den die ganze Vergangenheit nur vorbereitete, ansehen und genießen, das würde Leben heißen!
Friedrich Hebbel

Wenn die Zeit kommt, in der man könnte, ist die vorüber, in der man kann.
Marie von Ebner-Eschenbach

Glück ist: sich leben spüren, sein ganzes Ich – in jedem Augenblick, an jeder Stelle, wo es auch stehen mag.
Prentice Mulford

Wir borgen oft von der Zukunft, um die Schulden aus der Vergangenheit zu bezahlen.
Khalil Gibran

Unsere Zukunft liegt nach wie vor im Geiste.
Christian Morgenstern

Die wahre Großzügigkeit der Zukunft gegenüber besteht darin, in der Gegenwart alles zu geben.
Albert Camus

Wir bereiten uns ständig auf das Leben vor, leben aber nie.

Ralph Waldo Emerson

Aufmerksamkeit ist die höchste aller Fertigkeiten und Tugenden.

Johann Wolfgang von Goethe

Die großen Augenblicke des Lebens kommen von selbst. Es hat keinen Sinn, auf sie zu warten.

Thornton Wilder

Wenn wir wirklich leben wollen, fangen wir am besten jetzt sofort damit an.

W. H. Auden

Meine Vergangenheit kümmert mich nicht mehr. Sie gehört dem göttlichen Erbarmen. Meine Zukunft kümmert mich noch nicht. Sie gehört der göttlichen Vorsehung. Was mich kümmert und fordert, ist das Heute. Das aber gehört der Gnade Gottes und der Hingabe meines guten Willens.

Franz von Sales

Liebe verändert alles

Die Summe unseres Lebens sind die Stunden, in denen wir lieben.
Wilhelm Busch

❧

Liebe besitzt nicht, noch lässt sie sich besitzen.
Khalil Gibran

❧

Wo man Liebe aussät, da wächst Freude empor.
William Shakespeare

❧

Hunger und Liebe sind die Triebkräfte aller menschlichen Handlungen.
Anatole France

❧

Entscheide dich stets für die Liebe! Wenn du dich ein für allemal dazu entschlossen hast, wirst du die ganze Welt bezwingen. Die dienende Liebe ist eine ungeheure Kraft. Sie ist die allergrößte Kraft, und ihresgleichen gibt es nicht.
Fjodor Michailowitsch Dostojewski

Es gibt nur einen Fortschritt, nämlich den in der Liebe; aber er führt in die Seligkeit Gottes selber hinein.

Christian Morgenstern

Die Liebe hat den Menschen erschaffen – die Demut hat ihn erlöst.

Hildegard von Bingen

Liebe ist die stärkste Macht der Welt, und doch ist sie die demütigste, die man sich vorstellen kann.

Mahatma Gandhi

Weich ist stärker als hart, Wasser stärker als Fels, Liebe stärker als Gewalt.

Hermann Hesse

Schließt denn Erkenntnis die Liebe aus?
Oder ist es nicht vielmehr so: je mehr Erkennen, desto mehr Liebe?

Christian Morgenstern

Eine Flaumfeder kann einen Kieselstein rund schleifen, sofern sie von der Hand der Liebe geführt wird.

Hugo von Hofmannsthal

Gegen große Vorzüge eines andern gibt es kein Rettungsmittel als die Liebe.

Johann Wolfgang von Goethe

Darin besteht die Liebe: dass sich zwei Einsame beschützen und berühren und miteinander reden.

Rainer Maria Rilke

Jeder kann großartig sein – weil jeder dienen kann. Du musst kein Hochschuldiplom haben, um dienen zu können. Du brauchst nur ein Herz voller Güte. Eine Seele, die aus Liebe geschaffen ist.

Martin Luther King

Die Kraft zu lieben ist Gottes größtes Geschenk an den Menschen, denn niemals wird es dem Gesegneten, der liebt, genommen werden.

Khalil Gibran

Die Güte, die nicht grenzenlos ist, verdient den Namen nicht.

Marie von Ebner-Eschenbach

Liebe ist ein Magier, ein Zauberer, der wertlose Dinge in Freude verwandelt und aus gewöhnlichen Sterblichen wahre Könige und Königinnen macht.

Robert Green Ingersoll

Alle Kraft ist man der Welt schuldig und dem, der uns am nächsten steht, am ersten.

Bettina von Arnim

Was ist alles, was in Jahrtausenden die Menschen taten und dachten, gegen einen Augenblick der Liebe?

Friedrich Hölderlin

Die Liebe ist das Wohlgefallen am Guten;
Das Gute ist der einzige Grund der Liebe.
Lieben heißt: jemandem Gutes tun wollen.

Thomas von Aquin

Ich brauche Ruhe und Heiterkeit der Umgebung und vor allem Liebe, wenn ich arbeite.

Adalbert Stifter

Die Liebe kennt ihre Tiefe nicht bis zur Stunde der Trennung.
Khalil Gibran

Das Wesen wahrer Liebe lässt sich immer wieder mit der Kindheit vergleichen. Beide haben die Unüberlegtheit, die Unvorsichtigkeit, die Ausgelassenheit, das Lachen und das Weinen gemeinsam.
Honoré de Balzac

Für die Welt bist du irgendjemand, aber für irgendjemand bist du die Welt.
Erich Fried

Das Erste in der Liebe ist der Sinn füreinander und das Höchste der Glaube aneinander.
Friedrich Schlegel

Denn so, wie die Liebe dich krönt, kreuzigt sie dich. Und glaube nicht, du kannst den Lauf der Liebe lenken, denn die Liebe, wenn sie dich für würdig hält, lenkt deinen Lauf.
Khalil Gibran

Geliebt wirst du einzig, wo du schwach dich zeigen darfst, ohne Stärke zu provozieren.

Theodor W. Adorno

Nur wer liebend aus dem Kreis des Ichs heraustritt zu einem Du, findet das Tor zum Geheimnis des Seins.

Gabriel Marcel

Was man liebt, findet man überall und sieht überall Ähnlichkeiten. Je größer die Liebe, desto weiter und mannigfaltiger diese ähnliche Welt.

Novalis

Je mehr man liebt, umso tätiger wird man sein.

Vincent van Gogh

Liebe verändert alles, genau wie der Tod.

Khalil Gibran

Ein Tropfen Liebe ist mehr als ein Ozean Verstand.

Blaise Pascal

Die Liebe tritt ein, wo das Verstehen draußen bleibt.
Johannes Tauler

Es gibt keine Liebe, außer in Gott.
Albert Camus

Ich meine, es müsste einmal ein sehr großer Schmerz über die Menschen kommen, wenn sie erkennen, dass sie sich nicht geliebt haben, wie sie sich hätten lieben sollen.
Christian Morgenstern

Zärtlichkeit und Güte drücken nicht Schwäche und Verzweiflung aus, sondern sie sind Zeichen der Stärke und Entschlossenheit!
Khalil Gibran

Das Einzige, das bleibt, ist die Liebe, die wir empfangen haben oder geben konnten.
Jörg Zink

Wer einen Menschen liebt, setzt für immer seine Hoffnung auf ihn.
Gabriel Marcel

Das Herz ist der Schlüssel

Im Herzen eines Menschen ruht der Anfang und das Ende aller Dinge.
Leo Tolstoi

Die Güte des Herzens nimmt einen weiteren Raum ein als der Gerechtigkeit geräumiges Feld.
Johann Wolfgang von Goethe

Probleme lassen sich nicht mit den Denkweisen lösen, die zu ihnen geführt haben.
Albert Einstein

Die beste Bildung hat, wer das meiste von dem Leben versteht, in das er gestellt ist.
Helen Keller

Das Herz ist der Schlüssel der Welt und des Lebens.
Novalis

Die Wirklichkeit eines anderen Menschen liegt nicht darin, was er dir offenbart, sondern in dem, was er dir nicht offenbaren kann. Wenn du ihn daher verstehen willst, höre nicht auf das, was er dir sagt, sondern vielmehr auf das, was er verschweigt.

Khalil Gibran

Es gibt Menschen mit leuchtendem und Menschen mit glänzendem Verstande.
Die Ersten erhellen die Umgebung, die Zweiten verdunkeln sie.

Marie von Ebner-Eschenbach

Der einzige Diktator auf Erden, den ich anerkenne, ist die leise Stimme in mir.

Mahatma Gandhi

Es ist schöner, einen Menschen zu verstehen, als über ihn zu richten.

Stefan Zweig

Besser ein Lebemeister als tausend Lesemeister.

Meister Eckhart

Um das Herz und den Verstand eines anderen Menschen zu verstehen, schaue nicht darauf, was er erreicht hat, sondern wonach er sich sehnt.

Khalil Gibran

Der Weg des Geistes ist der Umweg.

Georg Wilhelm Friedrich Hegel

Der Verstand ist Platz und Inhalt zugleich. Er kann den Himmel zur Hölle machen und die Hölle zum Himmel.

John Milton

Was ein Mensch glaubt und woran er zweifelt, ist gleich bezeichnend für die Stärke seines Geistes.

Marie von Ebner-Eschenbach

Lernen, ohne zu denken, ist eitel. Denken, ohne zu lernen, ist gefährlich.

Konfuzius

Ist das, was das Herz glaubt, nicht genauso wahr wie das, was das Auge sieht?

Khalil Gibran

Wer in Glaubenssachen den Verstand befragt, kriegt unchristliche Antworten.
Wilhelm Busch

Man muss schon etwas wissen, um verbergen zu können, dass man nichts weiß.
Marie von Ebner-Eschenbach

Um ernst zu sein, genügt Dummheit, während zur Heiterkeit ein großer Verstand unerlässlich ist.
William Shakespeare

Die Einsicht eines Menschen verleiht ihre Flügel keinem anderen.
Khalil Gibran

Alles Wissen geht aus einem Zweifel hervor und endigt in einem Glauben.
Marie von Ebner-Eschenbach

Mancher findet sein Herz nicht eher, als bis er seinen Kopf verliert.
Friedrich Nietzsche

Der Maßstab, den wir an die Dinge legen, ist das Maß unseres eigenen Geistes.
Marie von Ebner-Eschenbach

❧

Das Denken ist das Selbstgespräch der Seele.
Platon

❧

Ein Scherz, ein lachendes Wort entscheidet oft die größten Sachen treffender und besser als Ernst und Schärfe.
Horaz

❧

Glücklich sein, heißt, ohne Schrecken seiner selbst innewerden können.
Walter Benjamin

❧

Die meiste Nachsicht übt der, der die wenigste braucht.
Marie von Ebner-Eschenbach

❧

Ich fühle mich nicht zu dem Glauben verpflichtet, dass derselbe Gott, der uns mit Sinnen, Vernunft und Verstand ausgestattet hat, von uns verlangt, dieselben nicht zu benutzen.
Galileo Galilei

Niemand urteilt schärfer als der Ungebildete. Er kennt weder Gründe noch Gegengründe.

Ludwig Feuerbach

❧

Ich möchte Bündigeres, Einfacheres, Ernsteres, ich möchte mehr Seele und mehr Liebe und mehr Herz.

Vincent van Gogh

❧

Wer überlegt, sucht auch Beweggründe, nicht zu dürfen.

Gotthold Ephraim Lessing

❧

Die einzige Weisheit, die wir erwerben können, ist die Weisheit der Demut: Demut ist ohne Ende.

Thomas Stearns Eliot

❧

Der Verstand und das Herz stehen auf sehr gutem Fuße. Eines vertritt oft die Stelle des andern so vollkommen, dass es schwer ist zu entscheiden, welches von beiden tätig war.

Marie von Ebner-Eschenbach

Freundschaft braucht
einen gewissen Gleichklang

Was wir am nötigsten brauchen, ist ein Mensch, der uns zwingt, das zu tun, was wir können.
Ralph Waldo Emerson

❧

Vielleicht muss man die Liebe gefühlt haben, um die Freundschaft richtig zu erkennen.
Nicolas Chamfort

❧

Ältere Freundschaften haben vor neuen hauptsächlich das voraus, dass man sich schon viel verziehen hat.
Johann Wolfgang von Goethe

❧

Der Mensch ist nie so schön, als wenn er um Verzeihung bittet oder selbst verzeiht.
Jean Paul

❧

Eine schöne Menschenseele finden, ist ein Gewinn.
Johann Gottfried von Herder

❧

Nicht Worte sollen wir lesen, sondern den Menschen, den wir hinter den Worten fühlen.

Samuel Butler

Ich aber weiß, was wenige Menschen glauben, dass wahre Freundschaft zarter ist als Liebe.

Platon

Du magst den vergessen, mit dem du gelacht, aber nie den, mit dem du geweint hast.

Khalil Gibran

Es ist wie ein süßes Lied. Der Freund nimmt teil an deinen Sorgen, freut sich über deine Erfolge, trägt mit dir deine Zweifel und wenn er fern ist, ist er der Seele nach da.

Ælred von Rievaulx

Von allen Geschenken, die uns das Schicksal gewährt, gibt es kein größeres Gut als die Freundschaft – keinen größeren Reichtum, keine größere Freude.

Epikur

Freundschaft, das ist eine Seele in zwei Körpern.
Aristoteles

Mancher große Mann hätte nie an sich geglaubt, wenn ihn nicht gute Freunde entdeckt hätten.
Paul Heyse

Euer Freund ist die Antwort auf eure Nöte. Er ist das Feld, das ihr mit Liebe besät und mit Dankbarkeit erntet. Und er ist euer Tisch und euer Herd. Denn ihr kommt zu ihm mit eurem Hunger, und ihr sucht euren Frieden bei ihm. Wenn euer Freund frei heraus spricht, fürchtet ihr weder das »Nein« in euren Gedanken, noch haltet ihr mit dem »Ja« zurück. Und wenn er schweigt, hört euer Herz nicht auf, dem seinen zu lauschen; denn in der Freundschaft werden alle Gedanken, alle Wünsche, alle Erwartungen ohne Worte geboren und geteilt, mit Freude, die keinen Beifall braucht.
Khalil Gibran

Ich glaube fest an jede Freundschaft, die auf Charakteren beruht; denn man bleibt einander immer notwendig.
Friedrich von Schiller

Das sicherste Mittel, ein freundliches Verhältnis zu hegen und zu pflegen, finde ich darin, dass man sich wechselweise mitteile, was man tut; denn die Menschen treffen viel mehr zusammen in dem, was sie tun, als in dem, was sie denken.

Johann Wolfgang von Goethe

Kein besseres Heilmittel gibt es im Leid, als eines edlen Freundes Zuspruch.

Euripides

Nichts erquickt den Geist so sehr als treue Freundschaft.

Seneca

Der eigentliche Kern der Freundschaft: ein Glaube, ein Hoffen, ein gemeinsames Werk. Es liegt eine große Freude darin.

Annette von Droste-Hülshoff

Ein Umhang ist nicht nur für einen einzigen Regenschauer gemacht.

Italienisches Sprichwort

Es ist nicht unsere Aufgabe, einander näherzukommen, so wenig wie Sonne und Mond zueinander kommen oder Meer und Land. Unser Ziel ist, einander zu erkennen und einer im anderen das zu sehen und ehren zu lernen, was er ist: des andern Gegenstück und Ergänzung.

Hermann Hesse

Vollkommene Freundschaft beruht auf der Gewissheit über den inneren Wert des geliebten Menschen.

Franz von Sales

Fühle mit allem Leid der Welt, aber richte deine Kräfte nicht dorthin, wo du machtlos bist, sondern zum Nächsten, dem du helfen, den du lieben und erfreuen kannst.

Hermann Hesse

Ich lobe mir den Freund, der wachsam macht.

Christian Morgenstern

Die Stille breitet sich von selbst aus. Je länger man nicht mehr miteinander gesprochen hat, desto schwerer fällt es, etwas zu sagen.

Samuel Johnson

Das Geheimnis des glücklichen Lebens

Die Freude finden wir nicht in den Dingen, sondern in der Tiefe unserer Seele.
Thérèse von Lisieux

Das Lächeln, das du aussendest, kehrt zu dir zurück.
Indisches Sprichwort

Das Glück wohnt nicht im Besitze und nicht im Golde, das Glücksgefühl ist in der Seele zu Hause.
Demokrit

Spare an der Rede und die Dinge werden wie von selbst zu dir kommen.
Laotse

Alles kommt zu dem, der es nicht braucht.
Französisches Sprichwort

Dankbarkeit ist das Gedächtnis des Herzens.
Alte Weisheit

Wie viele Freuden werden zertreten, weil die Menschen meist nur in die Höhe gucken und was zu ihren Füßen liegt, nicht achten.
Johann Wolfgang von Goethe

Achte darauf, dass du die richtigen Mittel wählst, dann wird sich das Ziel von selbst einstellen.
Mahatma Gandhi

Die Kunst des Ausruhens ist ein Teil der Kunst des Arbeitens.
John Steinbeck

Kein Geld ist besser investiert als das, das wir verwenden, um uns ein gemütliches Zuhause zu schaffen.
Samuel Johnson

Für keinen ist es zu früh oder zu spät, für die Gesundheit der Seele zu sorgen.
Epikur

Wenn Rebhuhn, dann Rebhuhn. Wenn Fasten, dann Fasten.

Teresa von Ávila

Jedes Mal, wenn ein Mensch lacht, fügt er seinem Leben ein paar Tage hinzu.

Curzio Malaparte

Nicht der hat am meisten gelebt, der die meisten Jahre zählt, sondern der, der das Leben am meisten empfunden hat.

Jean-Jacques Rousseau

Man sollte Anteil nehmen an der Freude, der Schönheit, der Farbigkeit des Lebens. Je weniger über die Kümmernisse des Lebens gesagt wird … desto besser.

Oscar Wilde

Wenn die Menschen mehr bedächten, wie viel Glück von einem einfachen Gegenstand ausgehen kann, würden sie unter den einfachsten Bedingungen viel dankbarer gegen ihr Leben sein dürfen.

Christian Morgenstern

Vom Leben nichts zu erwarten, ist das Geheimnis aller echten Heiterkeit.

George Bernhard Shaw

Wenn du dir selber eine Freude machen willst, dann denk an die Vorzüge deiner Mitmenschen.

Mark Aurel

Das, worauf es ankommt, können wir nicht voraus-berechnen. Die schönste Freude erlebt man immer da, wo man sie am wenigsten erwartet.

Antoine de Saint-Exupéry

Das Glück kommt zu denen, die es erwarten. Nur müssen sie die Tür auch offen halten.

Thomas Mann

Habe Vertrauen zum Leben – und es trägt dich licht-wärts.
Vertrau auf dein Glück – und du ziehst es herbei.

Seneca

Wer freudig tut und sich des Getanen freut, ist glücklich.

Johann Wolfgang von Goethe

Freude ist wie ein Wattenmeer, in dem zu Zeiten der Ebbe jedermann spazieren gehen kann.
Christian Morgenstern

Sei heiter und vergnügt und nimm teil an der Freude der anderen. Dabei fällt dann immer auch etwas eigene Freude ab.
Theodor Fontane

Das Leben ist ein Spiegel: Wenn du hineinlächelst, lächelt es zurück.
George Bernhard Shaw

Organisation ist genauso notwendig wie Inspiration.
Thomas Stearns Eliot

Mit Kummer kann man allein fertig werden, aber um sich aus vollem Herzen freuen zu können, muss man die Freude teilen.
Mark Twain

Die größten Menschen sind jene, die anderen Hoffnung geben können.
Jean Jaurès

Leicht zu leben ohne Leichtsinn, heiter zu sein ohne Ausgelassenheit, Mut haben ohne Übermut; das ist die Kunst des Lebens.

Theodor Fontane

Nimm dir jeden Morgen vor, womöglich froher und heiterer als den vorherigen Tag zu sein.

Novalis

Jeder Tat ihr Maß an Kraft zuweisen zu können, ist das Geheimnis der Vitalität.

Prentice Mulford

Wenn die Entscheidung getroffen ist, sind die Sorgen vorbei.

Cicero

Sobald wir lernen, uns selbst zu vertrauen, fangen wir an zu leben.

Johann Wolfgang von Goethe

Meine Hoffnungen werden nicht immer Wirklichkeit, doch ich hoffe immer.

Ovid

Heiterkeit oder Freudigkeit ist der Himmel, unter dem alles gedeiht.
Jean Paul

Verlangen ist das halbe Leben; Gleichgültigkeit der halbe Tod.
Khalil Gibran

Auch aus Steinen, die einem in den Weg gelegt werden, kann man Schönes bauen.
Johann Wolfgang von Goethe

Gut sein heißt, mit sich selber im Einklang sein.
Oscar Wilde

Viele erkennen zu spät, dass man auf der Leiter des Erfolges einige Stufen überspringen kann. Aber immer nur beim Hinuntersteigen.
William Somerset Maugham

Keine Schuld ist dringender, als die, Dank zu sagen.
Cicero

Verbringe nicht die Zeit mit der Suche nach einem Hindernis; vielleicht ist keines da.

Franz Kafka

Lasst in eurem Miteinander Platz, dass der Hauch des Himmels zwischen euch spielen kann.

Khalil Gibran

Alles ist gut. Der Mensch ist unglücklich, weil er nicht weiß, dass er glücklich ist. Nur deshalb. Das ist alles, alles! Wer das erkennt, der wird leicht glücklich sein, sofort im selben Augenblick.

Fjodor Michailowitsch Dostojewski

Willst du glücklich leben, hasse niemanden und überlasse die Zukunft Gott.

Johann Wolfgang von Goethe

Reich wird man erst durch die Dinge, die man nicht begehrt.

Mahatma Gandhi

Eine stolz getragene Niederlage ist auch ein Sieg.

Marie von Ebner-Eschenbach

Die Talente sind oft gar nicht so ungleich. Im Fleiß und Charakter liegen die Unterschiede.
Theodor Fontane

☙

Das Geheimnis des Glücks liegt nicht im Besitz, sondern im Geben. Wer andere glücklich macht, wird glücklich.
André Gide

☙

Man muss immer etwas haben, worauf man sich freut.
Eduard Mörike

☙

Zusammenkommen ist ein Beginn, zusammenbleiben ist ein Fortschritt, zusammenarbeiten ist ein Erfolg.
Henry Ford

☙

Wer hohe Türme bauen will, muss lange am Fundament verweilen.
Anton Bruckner

☙

Ich habe mir viel den Kopf über den Sinn des Lebens zerbrochen. Jetzt scheint es mir Sinn genug, lebendig zu sein.
Thornton Wilder

Das Geheimnis eines glücklichen Lebens liegt in der Entsagung.
Mahatma Gandhi

Wenn du einen Menschen glücklich machen willst, dann füge nichts seinem Reichtum hinzu, sondern nimm ihm einige von seinen Wünschen.
Epikur

Nicht was wir erleben, sondern wie wir empfinden, was wir erleben, macht unser Schicksal aus.
Marie von Ebner-Eschenbach

Glück ist Selbstgenügsamkeit.
Aristoteles

Ein freundliches Wort kostet nichts. Und dennoch ist es das schönste aller Geschenke.
Daphne du Maurier

Nicht was ich habe, sondern was ich schaffe, ist mein Reich.
Thomas Carlyle

Wir neigen dazu, Erfolg eher nach der Höhe unserer Gehälter oder nach der Größe unserer Autos zu bestimmen, als nach dem Grad unserer Hilfsbereitschaft und dem Maß unserer Menschlichkeit.

Martin Luther King

❧

Ein Leben ohne Freude ist wie eine weite Reise ohne Gasthaus.

Demokrit

❧

Wir berauben uns des Glücks, wenn wir zu viel vom Glück erwarten.

Fontenelle

❧

Das Werk, glaubt mir, das mit Gebet beginnt, das wird mit Heil und Sieg und Ruhm sich krönen.

Heinrich von Kleist

❧

Das Geheimnis des Erfolgs ist, den Standpunkt des anderen zu verstehen.

Henry Ford

❧

Ein einziger dankbarer Gedanke gen Himmel ist das vollkommenste Gebet.

Gotthold Ephraim Lessing

❧

Gott hat den Menschen mit der Willenskraft und Vernunft ihr Schicksal in die Hand gelegt.

Adalbert Stifter

❧

Eine kleine Verrücktheit im Frühling ist selbst für einen König gesund.

Emily Dickinson

❧

Jede Minute, die man sich ärgert, kostet sechzig Minuten des Glücks.

Ralph Waldo Emerson

❧

Die Mittel, mit denen manche Freuden errungen werden, verursachen oft Schmerzen, die um vieles größer sind als die Freuden.

Epikur

Wer die Wahrheit sucht ...

Es ist unmöglich, die Fackel der Wahrheit durchs Gedränge zu tragen, ohne jemandem den Bart zu versengen.
Georg Christoph Lichtenberg

Eine Wahrheit kann erst wirken, wenn der Empfänger für sie reif ist.
Nicht an den Wahrheiten liegt es daher, wenn die Menschen noch so voller Unweisheit sind.
Christian Morgenstern

Viele Lehren sind wie eine Fensterscheibe. Durch sie sehen wir die Wahrheit, aber sie trennt uns von der Wirklichkeit.
Khalil Gibran

Zur Erforschung der Wahrheit bedarf es notwendig der Methode.
René Descartes

Nichts wird je wirklich, bis es erfahren wird. Sogar ein Sprichwort bleibt ohne Sinn, bis es dein Leben anschaulich macht.

John Keats

Geh nicht nach außen, kehre in dich selbst ein: Im Innersten des Menschen wohnt die Wahrheit.

Augustinus

Unsere Träume können wir erst dann verwirklichen, wenn wir uns entschließen, einmal daraus zu erwachen.

Josephine Baker

Wie teuer du eine schöne Illusion auch bezahlt hast, du hast doch einen guten Handel gemacht.

Marie von Ebner-Eschenbach

Man schließt die Augen der Toten behutsam; nicht minder behutsam muss man die Augen der Lebenden öffnen.

Jean Cocteau

Es irrt der Mensch, solang er strebt.

Johann Wolfgang von Goethe

Ich kenne die absolute Wahrheit nicht. Aber ich stehe meiner Unwissenheit demütig gegenüber, und darin liegt meine Ehre und meine Belohnung.

Khalil Gibran

Wer die Wahrheit sucht, der sucht Gott, ob es ihm klar ist oder nicht.

Edith Stein

Aufrichtigkeit ist wahrscheinlich die verwegenste Form der Tapferkeit.

William Somerset Maugham

Die Wahrheit ist die Tochter der Zeit, nicht der Autorität.

Francis Bacon

Eine halbe Wahrheit ist oft eine große Lüge.

Benjamin Franklin

Wenn du das Unmögliche ausgeschlossen hast, dann ist das, was übrig bleibt, die Wahrheit, wie unwahrscheinlich sie auch ist.

Sir Arthur Conan Doyle

Zu jeder Zeit liegen einige große Wahrheiten in der Luft; sie bilden die geistige Atmosphäre des Jahrhunderts.

Marie von Ebner-Eschenbach

❧

Alle großen Wahrheiten waren anfangs Blasphemien.

George Bernhard Shaw

❧

Glaube denen, die die Wahrheit suchen, und zweifle an denen, die sie gefunden haben.

André Gide

❧

Man sieht nur seinen Schatten, wenn man seinen Rücken der Sonne zudreht.

Khalil Gibran

❧

Fast alle Menschen stolpern irgendwann einmal in ihrem Leben über die Wahrheit. Die meisten springen schnell wieder auf, klopfen sich den Staub ab und eilen ihren Geschäften nach, als ob nichts geschehen sei.

Winston Churchill

❧

Gutes kann niemals aus Lüge und Gewalt entstehen.

Mahatma Gandhi

Ironie ist die letzte Phase der Enttäuschung.
Anatole France

❧

Das Vergnügen kann auf der Illusion beruhen, doch das Glück beruht allein auf der Wahrheit.
Nicolas Chamfort

❧

Man muss das Wahre immer wiederholen, weil auch der Irrtum um uns herum immer wieder gepredigt wird, und zwar nicht von Einzelnen, sondern von der Masse.
Johann Wolfgang von Goethe

❧

In Wirklichkeit erkennen wir nichts; denn die Wahrheit liegt in der Tiefe.
Demokrit

❧

Eine Lüge ist bereits dreimal um die Erde gelaufen, bevor sich die Wahrheit die Schuhe anzieht.
Mark Twain

Glaube ist Vertrauen

Hat man sein *Warum* des Lebens, so verträgt man sich fast mit jedem *Wie*.
Friedrich Nietzsche

❧

Fasst frischen Mut! So lange ist keine Nacht, dass endlich nicht der helle Morgen lacht.
William Shakespeare

❧

Tröste dich, du bist an einem guten Orte.
Boccaccio

❧

Glaube ist ein sich stets erweiternder Teich von Klarheit, von Quellen gespeist, die jenseits des Bewusstseinsrands entspringen. Wir alle wissen mehr als das, wovon wir wissen, dass wir es glauben.
Thornton Wilder

❧

Gott kommt nicht, wenn wir es möchten, aber er kommt rechtzeitig.
Tennessee Williams

Ein Mensch, der glaubt, ist so stark wie neunundneun-
zig andere, die nur Interesse haben.
John Stuart Mill

Wenn du klug bist, so mische eines mit dem anderen:
Hoffe nicht ohne Zweifel und zweifle nicht ohne Hoff-
nung.
Seneca

Ein einziger Grundsatz wird dir Mut geben, nämlich
dass kein Übel ewig währt, ja nicht einmal sehr lange
dauern kann.
Epikur

Hoffen heißt, an das Abenteuer der Liebe glauben,
Vertrauen zu den Menschen haben, den Sprung ins
Ungewisse tun und sich ganz Gott überlassen.
Augustinus

Sorge dich nicht, wohin dich der einzelne Schritt führt;
nur wer weit blickt, findet sich zurecht.
Dag Hammarskjöld

Es ist gesünder, zu hoffen und das Mögliche zu schaffen, als zu schwärmen und nichts zu tun.
Gottfried Keller

Mit Glauben allein kann man sehr wenig tun, aber ohne ihn gar nichts.
Samuel Butler

Ich glaube, damit ich erfahre. Glauben heißt, gefunden haben.
Bernhard von Clairvaux

Meine Religion besteht in einer demütigen Beziehung zu einer unbegrenzten geistigen Macht, die sich selbst in den kleinsten Dingen zeigt.
Albert Einstein

Es sind nicht die bunten Farben, die lustigen Töne und die warme Luft, die uns im Frühling so begeistern. Es ist der stille weissagende Geist unendlicher Hoffnungen …
Novalis

Der Glaube ist ein besserer Ratgeber als die Vernunft. Die Vernunft hat Grenzen, der Glaube keine.

Blaise Pascal

Gott hilft uns nicht immer am Leiden vorbei, aber er hilft uns hindurch.

Johann Albrecht Bengel

Wir müssen nicht nur arbeiten, sondern auch träumen, nicht nur handeln, sondern auch glauben.

Anatole France

Der Zweifel ist ein Schmerz, der zu einsam ist, um zu wissen, dass das Vertrauen sein Zwillingsbruder ist.

Khalil Gibran

Auferstehen ist unser Glaube,
Wiedersehen unsere Hoffnung,
Gedenken unsere Liebe.

Augustinus

Die Naturwissenschaft braucht der Mensch zum Erkennen, den Glauben zum Handeln.

Max Planck

Glaube ist Vertrauen, nicht Wissenwollen.

Hermann Hesse

❧

Vertrauen ist Mut, und Treue ist Kraft.

Marie von Ebner-Eschenbach

❧

Der Glaube ist ein großes Gefühl von Sicherheit für die Gegenwart und Zukunft, und diese Sicherheit entspringt aus dem Zutrauen auf ein übergroßes, übermächtiges und unerforschliches Wesen. Auf die Unerschütterlichkeit des Zutrauens kommt es an.

Johann Wolfgang von Goethe

❧

Glaube und Zweifel bedingen einander wie Ein- und Ausatmen; sie gehören zusammen.

Hermann Hesse

❧

Falls der Mensch Gott nicht erkennt und nicht begreift, so hat er noch kein Recht daraus zu schließen, es gäbe keinen Gott. Die gesetzmäßige Folgerung daraus ist nur die, dass er noch nicht fähig ist, Gott zu erkennen und zu begreifen. Es gibt nur für den keinen Gott, der ihn nicht sucht. Suche ihn und er wird sich dir offenbaren.

Leo Tolstoi

Ich glaube, dass wenn der Tod unsere Augen schließt, wir in einem Lichte stehn, von welchem unser Sonnenlicht nur der Schatten ist.

Arthur Schopenhauer

Ich weiß nicht, wohin mich Gott führt, aber ich weiß, dass er mich führt.

Gorch Fock

Gott wohnt, wo man ihn einlässt.

Martin Buber

Wissenschaft ist nur eine Hälfte, Glauben ist die andere.

Novalis

Das Gebet ist der Schlüssel für den Morgen und der Türriegel für den Abend.

Mahatma Gandhi

Wenn Gott ein Geschenk macht, verpackt er es oft in eine Krise.

Unbekannt

Die Verzweiflung schickt uns Gott nicht, um uns zu töten, er schickt sie uns, um neues Leben in uns zu erwecken.

Hermann Hesse

An einen Gott glauben heißt, die Frage nach dem Sinn des Lebens verstehen. An einen Gott glauben, heißt sehen, dass es mit den Tatsachen der Welt noch nicht getan ist. An einen Gott glauben, heißt sehen, dass das Leben einen Sinn hat.

Ludwig Wittgenstein

Der Mensch kann nicht leben ohne ein dauerndes Vertrauen zu etwas Unzerstörbarem in sich, wobei sowohl das Unzerstörbare, als auch das Vertrauen dauernd verborgen bleiben können. Eine der Ausdrucksmöglichkeiten dieses Verborgenseins ist der Glaube an einen persönlichen Gott.

Franz Kafka

Wenn unsere Tage verdunkelt sind und unsere Nächte finsterer als tausend Mitternächte, so wollen wir stets daran denken, dass es in der Welt eine große, segnende Macht gibt.

Martin Luther King

Wer Gott sucht, hat ihn bereits gefunden.
Graham Greene

Ich glaube, um zu erkennen.
Anselm von Canterbury

Jesus Christus lehrt die Menschen, dass in ihnen etwas ist, was sie über dieses Leben mit seinem Jagen, seiner Angst und Lust emporhebt. Wer die Lehre Christi begreift, hat dasselbe Gefühl wie ein Vogel, der bis dahin nicht wusste, dass er Flügel besitzt, und nun plötzlich begreift, dass er fliegen, frei sein kann und nichts mehr zu fürchten braucht.
Leo Tolstoi

Verlöscht den Glauben an Gott, und es wird Nacht in der Seele des Menschen.
Alphonse de Lamartine

Denen, die Gott lieben, verwandelt er alles in Gutes, auch ihre Irrwege und Fehler lässt Gott ihnen zum Guten werden.
Augustinus

Der Unersättliche kann sich nur ans Unerschöpfliche wenden.

Paul Claudel

Glauben heißt: die Unbegreiflichkeit Gottes ein Leben lang aushalten.

Karl Rahner

Glaube und Liebe und Hoffnung sollen nie aus meinem Herzen weichen, dann gehe ich, wohin es soll, und werde gewiss am Ende sagen: Ich habe gelebt! Und wenn es kein Stolz und keine Täuschung ist, so darf ich wohl sagen, dass ich in jenen Stunden nach und nach durch die Prüfungen meines Leben fester und sicherer geworden bin.

Friedrich Hölderlin

Durch das Erkennen nehme ich Gott in mich hinein; durch die Liebe hingegen gehe ich in Gott ein.

Meister Eckhart

Nicht wo der Himmel ist, ist Gott,
sondern wo Gott ist, ist der Himmel.

Gerhard Ebeling

Herr Jesus Christus, du warst arm und elend, gefangen und verlassen wie ich.
Du kennst alle Not der Menschen,
Du bleibst bei mir, wenn kein Mensch mir beisteht.
Du vergisst mich nicht und suchst mich.
Dietrich Bonhoeffer

Wer seinen Gott verloren hat, der kann ihn darin wiederfinden, und wer ihn nie gekannt, dem weht hier entgegen der Odem des göttlichen Wortes.
Heinrich Heine (über die Bibel)

Wenn Gott für mich ein Mensch würde, dann würde ich ihn lieben – ihn ganz allein. Dann wären Bande zwischen ihm und mir, und für das Danken reichten alle Wege meines Lebens nicht.
Jean Paul Sartre

Und so seh' ich es: Der Geist Gottes ist in allen Dingen und immer gegenwärtig – wochentags wie sonntags – in den großen Arbeiten und Erfindungen, in Kunstwerken wie in Maschinen. Und Gott hilft uns durch unseren Kopf, unsere Hände und unsere Seele …
George Eliot

Und Christus? Das ist ein lichterfüllter Abgrund. Man muss die Augen schließen, um nicht abzustürzen.

Franz Kafka

Mein Herr und mein Gott, nimm alles mir, was mich hindert zu dir. Mein Herr und mein Gott, gib alles mir, was mich führet zu dir. Mein Herr und mein Gott, nimm mich mir und gib mich ganz zu eigen dir.

Niklaus von Flüe

Was unsere Sinnlichkeit betrifft, so kann sie wahrhaft als unsere Seele bezeichnet werden, weil sie Einheit mit Gott hat. Denn Gott verachtet nicht, was er geschaffen hat, und er verschmäht auch nicht, uns in den einfachsten natürlichen Funktionen unseres Körpers zu helfen. Dies tut er aus Liebe zur Seele, die er nach seinem Bild geschaffen hat. Gott ist das Mittel, das unser Wesen und unsere Sinnlichkeit zusammenhält, sodass sie niemals getrennt sind.

Juliana von Norwich

Der göttliche Same ist in uns. Aus Birnenkernen werden Birnbäume, aus Nusskernen Nussbäume, aus Gottes Same Gott.

Meister Eckhart

Die Stärke des Menschen besteht darin, den Weg, den Gott geht, herauszufinden und dann ebenfalls diesen Weg zu gehen.

Henry Ward Beecher

Der Mensch macht Pläne; ob sie ausgeführt werden, bestimmt Gott.

Die Bibel

Der Glaube, den ich meine, ist nicht leicht in Worte zu bringen. Man könnte ihn etwa so ausdrücken: Ich glaube, dass trotz des offensichtlichen Unsinns das Leben dennoch einen Sinn hat, ich ergebe mich darein, diesen letzten Sinn mit dem Verstand nicht erfassen zu können, bin aber bereit, ihm zu dienen, auch wenn ich mich dabei opfern muss.

Hermann Hesse

Lass dich nicht ängstigen,
nicht dich erschrecken.
Alles geht vorüber.
Gott allein bleibt derselbe.
Wer Gott hat, der hat alles.
Gott allein genügt.

Teresa von Ávila

Willst du inneren Frieden erlangen …

Gelassenheit ist eine anmutige Form des Selbstbewusstseins.
Marie von Ebner-Eschenbach

Wer die Segnungen der Freiheit genießen will, muss sich die Mühe nehmen, dafür einzutreten.
Thomas Paine

Freiheit ist wertlos, wenn sie nicht auch Freiheit zu irren bedeutet.
Mahatma Gandhi

Die glücklichste Unterhaltung ist dort, wo nicht Konkurrenz oder Eitelkeit herrschen, sondern ein ruhiger und gelassener Austausch der Gedanken stattfindet.
Samuel Johnson

Die Freiheit besteht darin, dass man alles tun kann, was einem anderen nicht schadet.
Arthur Schopenhauer

Je gesammelter ein Mensch im Innersten seiner Seele lebt, umso stärker ist die Ausstrahlung, die von ihm ausgeht und andere in seinen Bann zieht.

Edith Stein

Was du liebst, lass frei. Kommt es zurück, gehört es dir – für immer.

Konfuzius

Inneren Frieden wird nur erlangen, wer Unwesentliches unbeachtet lässt und sich allein um Wesentliches besorgt.

Bernhard von Clairvaux

Willst du inneren Frieden erlangen, baue dir ein Nest aus erfreulichen Gedanken.

John Ruskin

Die größten Ereignisse sind nicht unsere lautesten, sondern unsere stillsten Stunden.

Friedrich Nietzsche

Wut ist ein kurzer Wahnsinn.

Horaz

Werde nicht unruhig vor lauter Eifer, tue nicht hastig, was du zu tun hast. Sonst verlierst du den klaren Blick und hinderst dich selbst.

Franz von Sales

Im Herbst sammelte ich alle meine Sorgen und vergrub sie in meinem Garten. Als der Frühling wiederkehrte – im April –, um die Erde zu heiraten, da wuchsen in meinem Garten schöne Blumen.

Khalil Gibran

Für mich gibt es nur eine Regel: klar zu sein. Bin ich es nicht, so stürzt meine Welt in sich zusammen.

Stendhal

Wollen wir in Frieden leben, muss der Friede aus uns selbst kommen.

Jean-Jacques Rousseau

Bist du geduldig im Augenblick des Zorns, so wirst du dir hundert Tage Kummer ersparen.

Chinesisches Sprichwort

Der Gelassene nützt seine Chancen besser als der Getriebene.
Thornton Wilder

🙦

Kummer führt Menschen zu ernsthaften Gedanken, schärft das Verständnis und macht das Herz weich.
John Adams

🙦

Wenn du traurig bist, dann schau in dein Herz und du wirst erkennen, dass du weinst um das, was dir Freude bereitete.
Khalil Gibran

🙦

Niemand ist frei, der über sich selbst nicht Herr ist.
Matthias Claudius

🙦

Die bloße Erinnerung an Ärger facht Ärger an.
Publilius Syrus

🙦

Geborgenheit und Frieden kannst du nur haben, wenn du sie geben kannst.
Marie von Ebner-Eschenbach

Ist man in den kleinen Dingen nicht geduldig …

Willst du dich am Ganzen erquicken, so musst du das Ganze im Kleinen erblicken.
Johann Wolfgang von Goethe

Alle menschlichen Fehler sind Ungeduld.
Franz Kafka

Ich habe keine Zeit, mich zu beeilen.
Igor Strawinsky

Was dich am meisten zur Höhe trägt, ist die Geduld mit dir selbst.
Franz von Sales

Die meiste Zeit verliert man damit, dass man Zeit gewinnen will.
John Steinbeck

Ausdauer ist konzentrierte Geduld.
Thomas Carlyle

Jedes Werden in der Natur, im Menschen, in der Liebe muss abwarten, geduldig sein, bis seine Zeit zum Blühen kommt.
Dietrich Bonhoeffer

Es ist schon lange einer meiner Grundsätze, dass die kleinsten Dinge bei weitem die wichtigsten sind.
Sir Arthur Conan Doyle

Wer Geduld sagt, sagt Mut, Ausdauer, Kraft.
Marie von Ebner-Eschenbach

Ich glaube, dass die Ungeduld, mit der man seinem Ziele zueilt, die Klippe ist, an der gerade oft die besten Menschen scheitern.
Friedrich Hölderlin

Das Leben besteht aus vielen kleinen Münzen, und wer sie aufzuheben weiß, hat ein Vermögen.
Jean Anouilh

Wer Bäume setzt, obwohl er weiß, dass er nie in ihrem Schatten sitzen wird, hat zumindest angefangen, den Sinn des Lebens zu begreifen.

Rabindranath Tagore

Der Langsamste, der sein Ziel nicht aus den Augen verliert, geht immer noch geschwinder als der, der ohne Ziel umherirrt.

Gotthold Ephraim Lessing

Wenn ich nicht mehr weiter weiß, schaue ich einem Steinmetz zu, wie er vielleicht hundertmal auf den Stein schlägt, ohne dass ein Sprung zu sehen wäre.
Doch beim hundertundersten Schlag wird der Stein auseinanderbrechen, und dann weiß ich, dass das nicht dieser eine Schlag bewirkt hat, sondern alle zusammen.

Jacob Riis

Je mehr man lernt, nicht mehr in Augenblicken, sondern in Jahren zu leben, desto edler wird man. Die hastige Unruh, das kleinliche Treiben des Geistes, geht in große, ruhige einfache und viel umfassende Tätigkeit über, und die herrliche Geduld findet sich ein.

Novalis

Vieles geht in der Welt verloren, wenn man es zu schnell
für verloren gibt.
Johann Wolfgang von Goethe

❧

Ich fühle, dass Kleinigkeiten das Leben ausmachen.
Charles Dickens

❧

Wenn du es eilig hast, setze dich!
Sprichwort aus Asien

❧

Zwei Dinge sind zu unserer Arbeit nötig: unermüd-
liche Ausdauer und die Bereitschaft, etwas, in das man
viel Zeit und Arbeit gesteckt hat, wieder wegzuwerfen.
Albert Einstein

❧

Es gibt keine Frucht, die nicht bitter ist, bevor sie reif ist.
Publilius Syrus

❧

Ist man in kleinen Dingen nicht geduldig, bringt man
die großen Vorhaben zum Scheitern.
Konfuzius

❧

Man muss jedem Hindernis Geduld, Beharrlichkeit und eine sanfte Stimme entgegenstellen.

Thomas Jefferson

❧

Wer langsam geht, geht sicher.

Italienisches Sprichwort

❧

Es gilt, sein Leben lang zu arbeiten, zu kämpfen und jeden Tag neu zu beginnen. Man muss nicht nur mit anderen Geduld haben, sondern auch mit sich selbst.

Franz von Sales

❧

Die Philosophie des Wartens wird von allen Weisen der Welt unterstützt.

Ralph Waldo Emerson

❧

Nicht Kunst und Wissenschaft allein, Geduld will bei dem Werke sein.

Johann Wolfgang von Goethe

Mut hat Genie, Kraft
und Zauber in sich

Wenn einer sich voller Selbstvertrauen aufmacht, seine Träume zu verwirklichen, und danach trachtet, das Leben zu führen, das er sich gewünscht hat, wird er damit größeren Erfolg haben als angenommen.

Henry David Thoreau

Nichts ist schwerer und erfordert mehr Charakter, als sich im offenen Gegensatz seiner Zeit zu befinden und laut zu sagen: NEIN!

Kurt Tucholsky

Es bleibt einem jeden immer noch so viel Kraft, das auszuführen, wovon er überzeugt ist.

Johann Wolfgang von Goethe

Der Schwache kann nicht verzeihen. Verzeihen ist eine Eigenschaft des Starken.

Mahatma Gandhi

Die Freiheit der Phantasie ist keine Flucht in das Unwirkliche; sie ist Kühnheit und Erfindung.

Eugène Ionesco

Selbstwert ist Bass für alle großen Unternehmungen.

Samuel Johnson

Jedenfalls ist es besser, ein eckiges Etwas zu sein als ein rundes Nichts.

Friedrich Hebbel

Glücklich ist, wer das, was er liebt, auch wagt, mit Mut zu beschützen.

Ovid

Am Mute hängt der Erfolg.

Theodor Fontane

Niemand weiß, wie weit seine Kräfte gehen, bis er sie versucht hat.

Johann Wolfgang von Goethe

Zwischen Können und Tun liegt ein großes Meer und auf seinem Grunde gar oft die gescheiterte Willenskraft.

Marie von Ebner-Eschenbach

Ob du glaubst, du kannst es, oder es nicht glaubst – du hast recht.

Henry Ford

Wünsche sind nie klug. Das ist sogar das Beste an ihnen.

Charles Dickens

Am Anfang war die Kraft.

Paula Modersohn-Becker

Glaube mir, dass eine Stunde der Begeisterung mehr gilt als ein Jahr gleichmäßig und einförmig dahinziehenden Lebens. Die Ruhe ist dein Feind, sie ist mein Feind, ist der aller Menschen – ich meine die Ruhe der untätigen Behaglichkeit. Ohne Streben kein Erfolg, ohne Feuer kein Brand!

Christian Morgenstern

Was immer du tun kannst oder wovon du träumst, fang damit an! Mut hat Genie, Kraft und Zauber in sich.

Johann Wolfgang von Goethe

Keiner von uns weiß, was er (Gott) Menschen gibt. Es ist für uns verborgen und soll es bleiben. Manchmal dürfen wir ein wenig davon sehen, um nicht mutlos zu werden. Das Wirken der Kraft ist geheimnisvoll.

Albert Schweitzer

Du kannst nicht Schlittschuh laufen lernen, ohne dich lächerlich zu machen. Das Eis des Lebens ist schlüpfrig.

George Bernhard Shaw

Ein Mensch ohne Leidenschaft ist ein Steinbild ohne Leben.
Keine große Tat geschah, dessen Mutter sie nicht war.

Augustinus

Riskiere etwas! Riskiere was auch immer! Tue, was dir am schwersten fällt. Handle deinetwegen. Blicke der Wahrheit ins Gesicht.

Katherine Mansfield

Stärke wächst nicht aus körperlicher Kraft – vielmehr aus unbeugsamem Willen.
Mahatma Gandhi

Weiche dem Übel nicht; noch kühner tritt ihm entgegen!
Vergil

Wer sich zuversichtlich in die Richtung seiner Träume bewegt und auszieht, das Leben zu leben, das er sich immer vorstellt, erreicht Erfolge, die in gewöhnlichen Stunden unvorstellbar sind.
Henry David Thoreau

Der Mut wächst immer mit dem Herzen und das Herz mit jeder guten Tat.
Adolph Kolping

Nenne dich nicht arm, weil deine Träume nicht in Erfüllung gegangen sind; wirklich arm ist nur, der nie geträumt hat.
Marie von Ebner-Eschenbach

Ohne Begeisterung schlafen die besten Kräfte unseres Gemütes. Es ist ein Zunder in uns, der funken will.

Johann Gottfried von Herder

❧

Auch eine schwere Tür hat nur einen kleinen Schlüssel nötig.

Charles Dickens

❧

Geniale Naturen erleben wiederholte Pubertät, während andere Leute nur einmal jung sind.

Johann Wolfgang von Goethe

❧

Beherzt ist nicht, wer keine Angst kennt, beherzt ist, wer die Angst kennt und sie überwindet.

Khalil Gibran

❧

Es gehört oft mehr Mut dazu, seine Meinung zu ändern, als ihr treu zu bleiben.

Friedrich Hebbel

❧

Leben und Tod sind eins, so wie der Fluss und das Meer eins sind. Traut den Träumen, denn in ihnen ist das Tor zur Ewigkeit verborgen.

Khalil Gibran

Zu allem Großen ist der erste Schritt der Mut.

Johann Wolfgang von Goethe

Der schwierigste Weg, den der Mensch zurückzulegen hat, ist der zwischen Vorsatz und Ausführung.

Wilhelm Raabe

Das Schlimmste in allen Dingen, das ist die Unentschlossenheit.

Napoleon

Es ist unglaublich, wie viel Kraft die Seele dem Körper zu leihen mag.

Wilhelm von Humboldt

Wenn es einen Glauben gibt, der Berge versetzt, so ist es der Glaube an die eigene Kraft.

Marie von Ebner-Eschenbach

Der Beweis von Heldentum liegt nicht im Gewinnen einer Schlacht, sondern im Ertragen einer Niederlage.

David Lloyd George

Lehre tut viel. Aber Aufmunterung tut alles.
Johann Wolfgang von Goethe

Zwischen Hochmut und Demut steht ein Drittes, dem das Leben gehört, und das ist der Mut.
Theodor Fontane

Trauet euren Träumen, denn das Tor der Ewigkeit ist darin verborgen.
Khalil Gibran

Es ist besser, unvollkommene Entscheidungen durchzuführen, als beständig nach vollkommenen Entscheidungen zu suchen, die es nie geben wird.
Charles de Gaulle

Die Freiheit wartet mit tausend Reizen auf, die kein Sklave, wie zufrieden er vielleicht auch sein mag, je kennen lernen wird.
William Cowper

Wer kämpft, kann verlieren. Wer nicht kämpft, hat schon verloren.
Bertolt Brecht / Rosa Luxemburg

Der Geist des Menschen ist kein Gefäß, das gefüllt, sondern ein Feuer, das entfacht werden will.
Plutarch

❧

Mut ist, wenn man Todesangst hat, aber sich trotzdem in den Sattel schwingt.
John Wayne

❧

Habe ich dir doch selbst geboten: Sei mutig und stark! Habe keine Furcht und keine Angst! Denn der Herr, dein Gott, ist mit dir überall, wohin du gehst!
Die Bibel

❧

Feig, wirklich feig ist nur, wer sich vor seinen Erinnerungen fürchtet.
Elias Canetti

❧

Wir haben die Pflicht, stets die Folgen unserer Handlungen zu bedenken.
Mahatma Gandhi

Wandlung ist notwendig

Ei, bin ich denn darum achtzig Jahre alt geworden, dass ich immer dasselbe denken soll? Ich strebe vielmehr täglich, etwas anderes, Neues zu denken, um nicht langweilig zu werden. Man muss sich immer verändern, erneuern, verjüngen, um nicht zu verstocken.
Johann Wolfgang von Goethe

Jeder Mensch wird als Unikat geboren, doch die meisten sterben als Kopie.
Unbekannt

Ich weiß, dass ich in einer Welt lebe, in der nichts so beständig ist wie die Veränderung … dass ich Dinge ändern und Menschen beeinflussen kann, so wie auch sie mich verändern und beeinflussen.
Elbert Hubbard

In einem schwankenden Schiff fällt um, wer still steht, nicht, wer sich bewegt.
Ludwig Börne

Wandel und Wechsel liebt, wer lebt.
Richard Wagner

Sei du die Veränderung, die du dir wünschst für diese Welt.
Mahatma Gandhi

Krise ist ein produktiver Zustand. Man muss ihm nur den Beigeschmack der Katastrophe nehmen.
Max Frisch

Man kann einen Menschen nichts lehren. Man kann ihm nur helfen, es in sich selbst zu entdecken.
Galileo Galilei

Persönlichkeiten, nicht Prinzipien bringen die Zeit in Bewegung.
Oscar Wilde

Ohne Phantasie keine Güte, keine Weisheit.
Marie von Ebner-Eschenbach

Willst du alles werden, so verlange, nichts zu sein.

Teresa von Ávila

Am Grunde des Herzens eines jeden Winters liegt ein Frühlingsahnen, und hinter dem Schleier jeder Nacht verbirgt sich ein lächelnder Morgen.

Khalil Gibran

Ein Zustand ständigen Wandels ist die edelste Seinsform des Menschen.

Juan Ramón Jiménez

Hab nur den Mut, die Meinung frei zu sagen und ungestört! Es wird den Zweifel in die Seele tragen, dem, der es hört. Und vor der Lust des Zweifels flieht der Wahn. Du glaubst nicht, was ein Wort oft wirken kann.

Johann Wolfgang von Goethe

Man muss die Fehler, die man nicht ablegen kann, in Tugenden verwandeln.

Cesare Pavese

Mensch werden ist eine Kunst.

Novalis

Die Dinge im Keim zu erkennen, das ist Schöpferkraft.
Laotse

Im Weg durchs Leben kann man den Wind nicht immer im Rücken haben.
Alter Spruch

Ich bin bereit, überallhin zu gehen, wenn es nur vorwärts ist.
David Livingstone

Äußere Krisen bedeuten die große Chance, sich zu besinnen.
Viktor E. Frankl

Die Zeit verwandelt uns nicht, sie entfaltet uns nur.
Max Frisch

Die wahre Entdeckungsreise besteht nicht darin, dass man neue Landschaften sucht, sondern dass man mit neuen Augen sieht.
Marcel Proust

Sagt nicht: »Ich habe die Wahrheit gefunden«, sondern: »Ich habe eine Wahrheit gefunden.« Sagt nicht: »Ich habe den Weg der Seele gefunden.« Sagt: »Ich bin auf meinem Weg der wandernden Seele begegnet.« Denn die Seele wandelt auf allen Wegen. Die Seele kennt keinen geraden Weg, noch wächst sie wie ein Schilfrohr. Die Seele entfaltet sich, gerade so wie ein tausendblättriger Lotus.

Khalil Gibran

Alles Sichtbare haftet am Unsichtbaren –
das Hörbare am Unhörbaren –
das Fühlen am Unfühlbaren.
Vielleicht das Denken am Undenkbaren.

Novalis

Nur wenige Menschen scheitern bei ihrem Selbstheilungsprozess, wenn sie sich aufrichtig mit der Heilung anderer befassen.

Theodore Isaac Rubin

Jedes Jahrzehnt des Menschen hat sein eigenes Glück, seine eigenen Hoffnungen und Aussichten.

Johann Wolfgang von Goethe

Die Schwierigkeiten, auf die wir stoßen, wenn wir ein Ziel zu erlangen trachten, sind der kürzeste Weg zu ihm.
Khalil Gibran

Ein Gedanke kann nicht erwachen, ohne andere zu wecken.
Marie von Ebner-Eschenbach

Die größte Entscheidung deines Lebens liegt darin, dass du dein Leben ändern kannst, indem du deine Geisteshaltung änderst.
Albert Schweitzer

Der Duft der Dinge ist die Sehnsucht,
die sie in uns nach sich erwecken.
Christian Morgenstern

Wandlung ist notwendig wie die Erneuerung der Blätter im Frühling.
Vincent van Gogh

Eine Idee muss Wirklichkeit werden können, oder sie ist nur eine eitle Seifenblase.
Berthold Auerbach

Nur auf dem Pfad der Nacht erreicht man die Morgenröte.
Khalil Gibran

Wer fertig ist, dem ist nichts recht zu machen. Ein Werdender wird immer dankbar sein.
Johann Wolfgang von Goethe

Die Erkenntnis von heute kann die Tochter eines Irrtums von gestern sein.
Marie von Ebner-Eschenbach

Gehe nicht, wohin der Weg führen mag, sondern dorthin, wo kein Weg ist, und hinterlasse eine Spur.
Jean Paul

Auch eine Enttäuschung, wenn sie nur gründlich und endgültig ist, bedeutet einen Schritt vorwärts.
Max Planck

Wenn du die Absicht hast, dich zu erneuern, tu es jeden Tag.
Konfuzius

Das Wort Krise setzt sich im Chinesischen aus zwei Schriftzeichen zusammen – das eine bedeutet Gefahr und das andere Gelegenheit.

John F. Kennedy

Phantasie haben heißt nicht, sich etwas auszudenken, es heißt, sich aus den Dingen etwas zu machen.

Thomas Mann

Alles beginnt mit der Sehnsucht.

Nelly Sachs

Gott hat deiner Seele Flügel gegeben, um dich in den weiten Himmel von Liebe und Freiheit zu erheben. Ist es nicht traurig, dass du die Flügel mit deinen eigenen Händen brichst und es zulässt, dass deine Seele wie ein Insekt auf dem Boden kriecht?

Khalil Gibran

Die meisten Menschen sind bereit zu lernen, aber nur die wenigsten, sich belehren zu lassen.

Winston Churchill

Aus den Trümmern unserer Verzweiflung bauen wir unseren Charakter.
Ralph Waldo Emerson

❧

Rücksichtslosigkeiten, die edle Menschen erfahren haben, verwandeln sich in Rücksichten, die sie erweisen.
Marie von Ebner-Eschenbach

❧

Kein Sehnen bleibt unerfüllt.
Khalil Gibran

❧

Jeder ist seines Glückes Schmied.
Appius Claudius Caecus

❧

Es ist die Aufgabe eines jeden Menschen, zu sich selbst zu kommen.
Edith Stein

❧

Wir kennen uns nie ganz, und über Nacht sind wir andere geworden, schlechter oder besser.
Theodor Fontane

❧

Einen Vorsprung im Leben hat, wer da anpackt, wo
die anderen erst einmal reden.
John F. Kennedy

❧

Gebete ändern nicht die Welt. Aber die Gebete ändern
Menschen und Menschen ändern die Welt.
Albert Schweitzer

❧

Der Traum ist der beste Beweis dafür, dass wir nicht so
fest in unserer Haut eingeschlossen sind, als es scheint.
Friedrich Hebbel

❧

Am Ziele deiner Wünsche wirst du jedenfalls eines ver-
missen: dein Wandern zum Ziel.
Marie von Ebner-Eschenbach

❧

Wirf deine Gedanken wie Herbstblätter in einen blauen
Fluss. Schau zu, wie sie hineinfallen und davontreiben.
Und dann: Vergiss sie.
Zen-Weisheit

Das Leben ist unendlich viel seltsamer …

Leben heißt: langsam geborenwerden.
Es wäre allzu bequem, fixfertige Seelen auszuleihen.
Antoine de Saint-Exupéry

Gott gibt die Nüsse, aber er knackt sie nicht auf.
Alte Volksweisheit

Das Leben besteht nicht aus Wohlbefinden, sondern aus Suchen und Streben.
Khalil Gibran

Denn wo Gefahr ist, wächst das Rettende auch.
Friedrich Hölderlin

Ich weiß nur, dass das Leben nicht ohne barmherzige Nachsicht begriffen, nicht ohne barmherzige Nachsicht gelebt werden kann.
Oscar Wilde

Wen die Götter lieben, den führen sie zu der Stelle, wo man seiner bedarf.
Johann Wolfgang von Goethe

Alle Dinge kann man doppelt betrachten: als Faktum und als Geheimnis.
Hans Urs von Balthasar

Der Mensch wird niemals etwas erfinden, er entdeckt es lediglich.
Khalil Gibran

Wir sind dem Unsichtbaren näher verbunden als dem Sichtbaren.
Novalis

Hindernisse überwinden ist der Vollgenuss des Daseins.
Arthur Schopenhauer

Für den Optimisten ist das Leben kein Problem, sondern bereits die Lösung.
Marcel Pagnol

Das Leben ist unendlich viel seltsamer als irgendetwas, das der menschliche Geist erfinden könnte. Wir würden nicht wagen, die Dinge auszudenken, die in Wirklichkeit bloße Selbstverständlichkeiten unseres Lebens sind.

Sir Arthur Conan Doyle

Alle Zufälle unseres Lebens sind Materialien,
aus denen wir machen können, was wir wollen.
Wer viel Geist hat, macht viel aus seinem Leben.

Novalis

Des Menschen Engel ist die Zeit.

Friedrich von Schiller

Was man nicht tun kann, tut die Zeit.

Sprichwort aus der Schweiz

Stets findet Überraschung statt, wo man's nicht erwartet hat.

Wilhelm Busch

Alle Lebewesen außer den Menschen wissen, dass der Hauptzweck des Lebens darin besteht, es zu genießen.

Samuel Butler

Vielleicht der größte gesellschaftliche Dienst, der dem Land und der Menschheit erwiesen werden kann, ist, Kinder aufzuziehen.

George Bernhard Shaw

Die Erinnerung ist das einzige Paradies, woraus wir nicht vertrieben werden können.

Jean Paul

Im Laufe des Lebens verliert alles seine Reize und seine Schrecken; nur eines hören wir nie auf zu fürchten: das Unbekannte.

Marie von Ebner-Eschenbach

Das Außerordentliche geschieht nicht auf glatten, gewöhnlichen Wegen.

Johann Wolfgang von Goethe

Traurigkeit ist nur eine Mauer zwischen zwei Gärten.

Khalil Gibran

Was wir Zufall nennen, ist vielleicht die Logik Gottes.

Georges Bernanos

Kinder und Uhren dürfen nicht beständig aufgezogen werden, man muss sie auch gehen lassen.
Jean Paul

❧

Leben, das ist das Allerseltenste in der Welt – die meisten Menschen existieren nur.
Oscar Wilde

❧

Es kommt nicht darauf an, dem Leben mehr Jahre zu geben, sondern den Jahren mehr Leben.
Alexis Carrel

❧

Was ein Mensch an Gutem in die Welt hinausgibt, geht nicht verloren.
Albert Schweitzer

❧

Die besten Dinge im Leben sind die, die man nicht für Geld bekommt.
Albert Einstein

❧

Der Gedanke an die Vergänglichkeit aller irdischen Dinge ist ein Quell unendlichen Leids – und ein Quell unendlichen Trostes.
Marie von Ebner-Eschenbach

Wenn dir jemand erzählt, dass die Seele mit dem Körper vergeht und dass das, was einmal tot ist, niemals wiederkommt, so sag ihm: Die Blume geht zugrunde, aber der Samen bleibt zurück und liegt vor uns, geheimnisvoll wie die Ewigkeit des Lebens.
Khalil Gibran

✣

Lebenskunst ist die Kunst des richtigen Weglassens.
Coco Chanel

✣

Unser Leben ist das Produkt unserer Gedanken.
Mark Aurel

✣

Und wenn ihr euch das Staunen erhalten könntet über die täglichen Wunder eures Lebens, so wäre euer Schmerz nicht weniger erstaunlich als eure Freude. Denn dann würdet ihr die vier Jahreszeiten eures Herzens so annehmen, wie ihr die Jahreszeiten annehmt, die über eure Felder ziehen.
Khalil Gibran

✣

Alle großen Dinge sind einfach und viele können mit einem einzigen Wort ausgedrückt werden: Freiheit, Gerechtigkeit, Ehre, Pflicht, Gnade, Hoffnung.
Winston Churchill

Die Erfahrung ist wie eine Laterne im Rücken; sie beleuchtet stets nur das Stück Weg, das wir bereits hinter uns haben.

Konfuzius

Nicht durch unsere Entdeckungen, sondern durch unsere Ahnungslosigkeit bewegen wir uns sicher durch das Leben.

Jean Giraudoux

Nichts, was das Leben lebenswert macht, kann man für Geld kaufen.

Antoine de Saint-Exupéry

Je mehr du gedacht, je mehr du getan hast, desto länger hast du gelebt.

Immanuel Kant

Wir bestreiten unseren Lebensunterhalt mit dem, was wir bekommen, und wir leben von dem, was wir geben.

Winston Churchill

Der Zufall ist die in Schleier gehüllte Notwendigkeit.

Marie von Ebner-Eschenbach

Je länger man lebt, desto deutlicher sieht man, dass die einfachen Dinge die wahrhaft größten sind.

Romano Guardini

Gott ist nicht gekommen, um die Dinge leichter zu machen.

Jean Anouilh

Auch Quellen und Brunnen versiegen, wenn man zu oft und zu viel aus ihnen schöpft.

Demosthenes

Die Rätsel Gottes sind befriedigender als die Lösungen der Menschen.

Gilbert Keith Chesterton

Für mich ist jede Stunde Licht und Dunkelheit, jeder Kubikzentimeter Raum ein Wunder.

Walt Whitman

✤

Der Fortgang der wissenschaftlichen Entwicklung ist im Endeffekt eine ständige Flucht vor dem Staunen.

Albert Einstein

✤

Wir sind noch immer damit beschäftigt, die Muscheln zu untersuchen, als ob sie alles wären, was vom Meer des Lebens an die Küste von Tag und Nacht gespült wird.

Khalil Gibran

Das Wunder ist des Glaubens liebstes Kind.

Johann Wolfgang von Goethe

Erst im Altwerden sieht man die Seltenheit des Schönen und welches Wunder es eigentlich ist, wenn zwischen den Fabriken und Kanonen auch Blumen blühen und zwischen den Zeitungen und Börsenzetteln auch noch Dichtungen leben.

Hermann Hesse

Alles in der Welt ist merkwürdig und wunderbar für ein paar wohlgeöffnete Augen.

José Ortega y Gasset

Das große unzerstörbare Wunder ist der Menschenglaube an Wunder.

Jean Paul

Der Mensch gewöhnt sich rasch an die Wunder, die er selbst vollbringt.
François Mauriac

Ein Wunder passiert nicht gegen die Natur, sondern gegen unser Wissen von der Natur.
Augustinus

Es ist unmöglich, die Wunder des Herrn zu ergründen.
Die Bibel

Man sieht Gott nicht, aber man erkennt ihn aus seinen Werken. Wenn die Dinge, die man in der Natur findet, vernünftig sind, dann muss sich dahinter unbedingt die Vernunft verbergen, die man in der Sprache der Religion Gott nennt.
Cicero

Gewissen Geheimnissen, und wenn sie offenbar wären, muss man durch Verhüllen und Schweigen Achtung erweisen, denn dieses wirkt auf Scham und gute Sitten.
Johann Wolfgang von Goethe

Wissen kann man mitteilen, Weisheit aber nicht. Man kann sie finden, man kann sie leben, man kann von ihr getragen werden, man kann mit ihr Wunder tun, aber sagen und lehren kann man sie nicht.

Hermann Hesse

❧

Wenn durch einen Menschen ein wenig mehr Liebe und Güte, ein wenig mehr Licht und Wahrheit in der Welt war, dann hat sein Leben einen Sinn gehabt.

Alfred Delp

❧

Es würde viel weniger Böses auf Erden geben, wenn das Böse niemals im Namen des Guten getan werden könnte.

Marie von Ebner-Eschenbach

❧

Die wunderbare Einrichtung und Harmonie des Weltalls kann nur nach dem Plane eines allwissenden und allmächtigen Wesens zustande gekommen sein. Das ist und bleibt meine letzte und höchste Erkenntnis.

Isaac Newton

❧

Nur der Wechsel ist wohltätig. Unaufhörliches Tageslicht ermüdet.

Wilhelm von Humboldt

Gegenüber der Fähigkeit, die Arbeit eines einzigen Tages sinnvoll zu ordnen, ist alles andere im Leben ein Kinderspiel.
Johann Wolfgang von Goethe

❧

Dass es die Welt, dass es den Menschen, dass es die menschliche Person, dich und mich gibt, hat göttlichen Sinn.
Martin Buber

❧

Die Welt hat genug für jedermanns Bedürfnisse, aber nicht für jedermanns Gier.
Mahatma Gandhi

❧

Was ein Tag bringen mag, das vermag er auch zu nehmen.
Thomas Fuller

❧

Zwietracht vermittelt einen Anreiz für Eintracht.
Publilius Syrus

❧

Die alltäglichen Menschenerlebnisse sind die tiefsten – wenn man sie von der Gewohnheit befreit.
Robert Musil

Wahre Weisheit besteht darin, dass wir uns nicht von der Natur abgrenzen, sondern unser Verhalten nach ihren Gesetzen und ihrem Vorbild gestalten.

Seneca

❧

Ein gerader Weg führt immer nur ans Ziel.

André Gide

❧

Der Himmel hat den Menschen als Gegengewicht gegen die vielen Mühseligkeiten drei Dinge gegeben: die Hoffnung, den Schlaf und das Lachen.

Immanuel Kant

So sind nun mal die Menschen

Mensch, du bist ein Werk Gottes. Halte dich formbar!
Irenäus von Lyon

❧

Jeder Mensch ist ein Mond. Er hat eine dunkle Seite, die er niemandem zeigt.
Mark Twain

❧

Jeder, der die Fähigkeit hat, Schönes zu erkennen, wird nie alt werden.
Franz Kafka

❧

Sind sie allein, möchten sie mit anderen sein. Und sind sie mit anderen, möchten sie allein sein. So sind nun mal die Menschen.
Gertrude Stein

❧

Die Menschen, denen wir eine Stütze sind, geben uns den Halt im Leben.
Marie von Ebner-Eschenbach

❧

Nur ein mittelmäßiger Mensch ist immer in Hochform.
William Somerset Maugham

Wir suchen niemals die Dinge, sondern das Suchen nach ihnen.
Blaise Pascal

Ein wirklich eigener Gedanke ist immer noch so selten wie ein Goldstück im Rinnstein.
Christian Morgenstern

Es kann sein, dass Menschen verantwortlich sind, aber es gibt keine Schuldigen.
Albert Camus

Man braucht zwei Jahre, um sprechen zu lernen und fünfzig, um schweigen zu lernen.
Ernest Hemingway

Das Muss ist oft hart, aber beim Muss allein kann der Mensch zeigen, wie's inwendig mit ihm steht. Willkürlich leben kann jeder.
Johann Wolfgang von Goethe

Wer nach außen sieht, träumt, wer nach innen sieht, wacht.
C. G. Jung

Wenn du das Ende von dem erreicht hast, was du wissen solltest, stehst du am Anfang dessen, was du fühlen solltest.
Khalil Gibran

Du hast schwerlich jemanden zu Gesicht bekommen, der unglücklich geworden wäre, weil er sich mit dem, was in der Seele eines anderen vorgeht, nicht befasst hat; der aber muss unweigerlich unglücklich sein, der den Regungen der eigenen Seele nicht nachgeht.
Mark Aurel

Nichts lernen wir so spät und verlernen wir so früh, als zuzugeben, dass wir unrecht haben.
Marie von Ebner-Eschenbach

Man sieht oft etwas hundert Mal, tausend Mal, ehe man es zum allerersten Male sieht.
Christian Morgenstern

Das menschliche Gehirn ist eine großartige Sache. Es funktioniert vom Augenblick der Geburt an bis zu dem Zeitpunkt, wo du aufstehst, um eine Rede zu halten.
Mark Twain

Einen Menschen nur nach seinen Fehlern zu beurteilen, hieße, den Jahreszeiten ihre Unvollständigkeiten vorzuwerfen, oder die Gewalt eines Weltmeeres an der Zerbrechlichkeit seiner Gischt zu berechnen.
Khalil Gibran

Die meisten Kulturgüter zerstören wir nicht durch Gebrauch, sondern durch Pflege.
Erich Kästner

Unsere Wünsche sind die Vorboten der Fähigkeiten, die in uns liegen.
Johann Wolfgang von Goethe

Den Charakter eines Menschen erkennt man erst dann, wenn er Vorgesetzter geworden ist.
Erich Maria Remarque

Man bleibt jung, solange man noch lernen, neue Gewohnheit annehmen und einen Widerspruch ertragen kann.

Marie von Ebner-Eschenbach

Menschen stolpern nicht über Berge, sondern über Maulwurfshügel.

Konfuzius

Gott ist uns näher, als wir uns selbst sind.

Augustinus

Was andere uns zutrauen, ist meist bezeichnender für sie als für uns.

Marie von Ebner-Eschenbach

Man muss in die Tiefe steigen, um die Gärten der Kindheit wiederzufinden.

Marcel Proust

Die Natur betrügt uns nie. Wir sind es immer, die wir uns selbst betrügen.

Jean-Jacques Rousseau

Willst du den Charakter eines Menschen erkennen, so gib ihm Macht.

Abraham Lincoln

Große Leidenschaften sind wie Naturkräfte. Ob sie nutzen oder schaden, hängt nur von der Richtung ab, die sie nehmen.

Ludwig Börne

Die Weisheit eines Menschen misst man nicht nach seinen Erfahrungen, sondern nach seiner Fähigkeit, Erfahrungen zu machen.

George Bernhard Shaw

Die meisten leben in den Ruinen ihrer Gewohnheit.

Jean Cocteau

Du kannst so rasch sinken, dass du zu fliegen meinst.

Marie von Ebner-Eschenbach

Alle Menschen haben die Anlage, schöpferisch tätig zu sein. Nur merken es die meisten nie.

Truman Capote

Wie lächerlich und weltfremd ist der, der sich über irgendetwas wundert, das im Leben vorkommt.

Mark Aurel

Die Umgebung, in der der Mensch sich den größten Teil des Tages aufhält, bestimmt seinen Charakter.

Antiphon von Rhamnus

Zu haben, was man will, ist Reichtum. Es aber ohne Reichtum tun, ist Kraft.

George Bernhard Shaw

Durch nichts bezeichnen die Menschen mehr ihren Charakter als durch das, was sie lächerlich finden.

Johann Wolfgang von Goethe

Wir geben uns zu wenig Rechenschaft darüber, wie viel Enttäuschung wir anderen bereiten.

Heinrich Böll

Alles, was man vergessen hat, schreit im Traum um Hilfe.

Elias Canetti

Im Herzen eines jeden Menschen befindet sich ein von Gott geschaffenes Vakuum, das durch nichts Erschaffenes erfüllt werden kann als allein durch Gott, den Schöpfer, so wie er sich in Christus offenbart.

Blaise Pascal

Ich habe die Erfahrung gemacht, dass Leute ohne Laster auch sehr wenige Tugenden haben.

Abraham Lincoln

Der Mensch, der sich nicht für gesegnet hält, ist unglücklich – auch, wenn er die Welt regiert.

Seneca

Wir streben mehr danach, Schmerz zu vermeiden als Freude zu gewinnen.

Sigmund Freud

Im Menschen sind Tiefen, die bis in die unterste Hölle hinabreichen, und Höhen die bis in den höchsten Himmel ragen.

Thomas Carlyle

Viele sind hartnäckig in Bezug auf den einmal eingeschlagenen Weg, wenig in Bezug auf das Ziel.
Friedrich Nietzsche

Wir unterschätzen das, was wir haben und überschätzen das, was wir sind.
Marie von Ebner-Eschenbach

Ohne Glaube wird der Mensch ... steril, hoffnungslos und bis ins Innerste seines Wesens furchtsam.
Erich Fromm

Wer mit sich selbst nicht zufrieden sein kann, der kehrt gerne diese Unzufriedenheit gegen alle anderen Leute statt gegen sich selbst.
Jeremias Gotthelf

Nicht einer ist unter uns, der nicht den Keim zu einem Heiligen, aber auch zu einem Verbrecher in sich trüge.
Henri Lacordaire

Es ist leichter, eine Schwäche zuzugeben, als eine Stärke für sich zu behalten.
Max Beerbohm

In der Einsamkeit findest du nur, was du mitbringst.
Juan Ramón Jiménez

❧

Der Erfolg kann uns verderben; Nützlichsein dagegen kann uns nur zum Guten gereichen.
Dimitri Mitropoulos

❧

Unwissenheit ist die Nacht des Verstandes, aber eine Nacht ohne Mond und Sterne.
Konfuzius

❧

Kein Mensch hat das Recht, einen anderen zu tadeln oder zu verurteilen, denn tatsächlich kennt kein Mensch zuverlässig den anderen und niemand kann in die Seele des anderen schauen.
Sir Thomas Browne

❧

Wir sehen nie, was wir getan haben.
Wir können nur sehen, was noch zu tun bleibt.
Marie Curie

❧

Der Mensch ist nie so schön, als wenn er um Verzeihung bittet oder sich selbst verzeiht.
Jean Paul

Der Mensch soll sich niemals in irgendeiner Weise als fern von seinem Geliebten betrachten, weder wegen eines Mangels noch wegen einer Schwäche, noch wegen irgendetwas sonst. Und wenn dich auch immer wieder deine großen Mängel so weit hinaustreiben, dass du dich nicht als ihm nahe ansehen kannst, so sollst du doch ihn als dir nahe ansehen.

Meister Eckhart

Meist werden wir von Kräften zertrampelt, die wir selbst erschaffen haben.

William Shakespeare

Die große Schuld des Menschen ist, dass er in jedem Augenblick die Umkehr tun kann und nicht tut.

Martin Buber

Mitten im Winter habe ich entdeckt, dass ein unbesiegbarer Sommer in mir steckt.

Albert Camus

In meinem Inneren gibt es einen Platz, wo ich ganz alleine lebe, und genau da sind meine Quellen, die niemals versiegen.

Pearl S. Buck

Es kommt für uns Ältere nicht darauf an, die neue Jugend zu widerlegen und irgendwie abzutun, sondern sie zu verstehen und sie, soweit wir irgend können, erkennend lieben zu lernen.

Hermann Hesse

Denn aus Gemeinem ist der Mensch gemacht und die Gewohnheit nennt er seine Amme.

Friedrich von Schiller

Wie können wir Barmherzigkeit gegenüber anderen erwarten, wenn wir uns selbst gegenüber unbarmherzig sind?

Sir Thomas Browne

Jeder, der sich seiner eigenen Schwächen bewusst ist, wird nichts an den Schwächen anderer auszusetzen haben.

James Ross

Die äußere Erscheinung ist ein schlechter Ersatz für innere Werte.

Äsop

Von der Schale darfst du nicht auf den Kern schließen.
Thomas Fuller

❧

Alles lenkt von uns selbst ab.
Ralph Waldo Emerson

❧

Wir sind selten stolz, wenn wir allein sind.
Voltaire

❧

Hass ist ein Gefühl, das zum Untergang der Werte führt.
José Ortega y Gasset

❧

Menschen sehen nur, was sie zu sehen bereit sind.
Ralph Waldo Emerson

❧

Stolz ist die Maske der eigenen Fehler.
Hebräisches Sprichwort

❧

Wenn ein stolzer Mensch hört, wie ein anderer gelobt wird, fühlt er sich selbst beleidigt.
Englisches Sprichwort

❧

Entweder leidet der Mensch und kämpft um einer bes-
seren Einsicht willen, oder sein Blick bleibt oberfläch-
lich und ohne geistige Offenbarung.
Thomas de Quincey

Wir neigen dazu, andere sehr lautstark zu kritisieren,
können aber selbst keinen Ratschlag ertragen.
William Penn

Die Seele hat die Farbe unserer Gedanken.
Mark Aurel

Man sollte mehr handeln, weniger überlegen

Denken ist wundervoll – aber noch wundervoller ist das Erleben.
Oscar Wilde

Mit Absichten kann man nicht berühmt werden.
Henry Ford

Erzähle es mir – und ich werde es vergessen, zeige es mir – und ich werde mich erinnern, lass es mich tun – und ich werde es behalten.
Konfuzius

Geringes Wissen, das tatkräftig angewendet wird, ist unendlich viel mehr wert, als großes Wissen, das brachliegt.
Khalil Gibran

Der Träumer ist der eigentliche Tatmensch.
Fernando Pessoa

Greift nur hinein ins volle Menschenleben. Ein jeder lebt's, nicht vielen ist's bekannt, und wo ihr's packt, da ist es interessant.

Johann Wolfgang von Goethe

Tu erst das Notwendige, dann das Mögliche, und plötzlich schaffst du das Unmögliche.

Franz von Assisi

Vom Werke nicht lassen, doch lassen von des Werkes Wirkung. Um Wirkung unbekümmert werken, das ist das hohe Lassen! Der Gang der Freien.

Meister Eckhart

Niemand weiß, was er kann, wenn er es nicht versucht.

Publilius Syrus

Erfahrung ist nicht das, was einem zustößt. Erfahrung ist das, was man aus dem macht, was einem zustößt.

Aldous Leonard Huxley

Du brauchst nur zu lieben und alles ist Freude.

Leo Tolstoi

Das Leben ist ein Theaterstück ohne vorherige Probe. Darum singe, lache, tanze und liebe …
Und lebe jeden einzelnen Augenblick deines Lebens, bevor der Vorhang fällt und das Theaterstück ohne Applaus zu Ende geht.

Charlie Chaplin

Aller Hass, zu dem wir Menschen fähig sind, kann mit einer ganz einfachen Methode abgebaut werden: Man setzt sich jeden Abend eine halbe Stunde hin und verzeiht in Gedanken jedem Menschen, dem man etwas nachträgt oder den man hasst.

Marie von Ebner-Eschenbach

Es ist nicht wenig Zeit, die wir haben, sondern es ist viel Zeit, die wir nicht nutzen.

Seneca

Wir werden, was wir sein wollen, nur durch Mühe, durch Übung.

Johann Gottfried Herder

Leben ist, was uns zustößt, während wir uns etwas ganz anderes vorgenommen haben.

Henry Miller

Gehe vertrauensvoll in die Richtung deiner Träume!
Führe das Leben, das du dir vorgestellt hast. Wenn du
dein Leben vereinfachst, werden auch die Gesetze des
Lebens einfacher.

Henry David Thoreau

Wem zu glauben ist, redlicher Freund, das kann ich dir
sagen: Glaube dem Leben!
Es lehrt besser als Redner und Buch.

Wilhelm Busch

Lasst Zwischenräume in eurem Zusammensein.

Khalil Gibran

Man sollte mehr handeln, weniger überlegen und sich
nicht selbst beim Leben zuschauen.

Nicolas Chamfort

Mensch, werde wesentlich.

Angelus Silesius

Überlege einmal, bevor du gibst, zweimal, bevor du
annimmst und tausendmal, bevor du verlangst.

Marie von Ebner-Eschenbach

Tue nichts im Leben, was dir Angst machen muss, wenn
es dein Nächster bemerkt.
Epikur

Müde macht uns die Arbeit, die wir liegen lassen, nicht
die, die wir tun.
Marie von Ebner-Eschenbach

Es ist sinnlos zu sagen: Wir tun unser Bestes. Es muss
dir gelingen, das zu tun, was erforderlich ist.
Winston Churchill

Lebe, als würdest du 100 Jahre alt. Bete, als stürbest du
morgen.
Benjamin Franklin

Der beste Weg, sich selbst eine Freude zu machen, ist,
zu versuchen, einem anderen eine Freude zu bereiten.
Mark Twain

Lebe, wie du, wenn du stirbst, wünschen wirst, gelebt
zu haben.
Christian Fürchtegott Gellert

Arbeit ist das beste Mittel gegen Verzweiflung.
Sir Arthur Conan Doyle

❧

Solange man selbst redet, erfährt man nichts.
Marie von Ebner-Eschenbach

❧

Wenn man glücklich ist, soll man nicht noch glücklicher sein wollen.
Theodor Fontane

❧

Wer kein Ziel hat, verläuft sich.
Abraham Lincoln

❧

Nimm den Platz und die Haltung ein, zu denen du dich ohne jeden Zweifel berechtigt fühlst, und alle Menschen werden es hinnehmen.
Ralph Waldo Emerson

Personenregister

A

Adams, John (30. Oktober 1735 in Braintree, Suffolk County, Massachusetts – 4. Juli 1826 in Quincy), erster Vizepräsident der USA (1789–1797) und zweiter Präsident (1797–1801)

Adorno, Theodor W. (Theodor Ludwig Wiesengrund-Adorno, 11. September 1903 in Frankfurt am Main – 6. August 1969 in Visp, Schweiz), deutscher Philosoph, Soziologe, Musiktheoretiker und Komponist

Ælred von Rievaulx (1110 in Hexham, Northumberland – 12. Januar 1167, Rievaulx, Yorkshire), Abt in Rievaulx

Äsop (um 600 v. Chr.), griechischer Dichter

Angelus Silesius (eigentlich Johann Scheffler, 25. Dezember 1624 in Breslau – 9. Juli 1677 ebd.), deutscher religiöser Dichter

Anouilh, Jean Marie Lucien Pierre (23. Juni 1910 in Bordeaux – 3. Oktober 1987 in Lausanne), französischer Dramatiker

Anselm von Canterbury (um 1033 in Aosta – 21. April 1109 in Canterbury), Philosoph

Antiphon von Rhamnus (480 v. Chr. in Rhamnous, Griechenland – 411 v. Chr.), griechischer Redner

Aristoteles (384 v. Chr. in Stageira, Makedonien – 322 v. Chr. in Chalkis, Euböa), griechischer Philosoph

Arnim, Bettina von (4. April 1785 in Frankfurt am Main – 20. Januar 1859 in Berlin), deutsche Schriftstellerin

Auden, Wystan Hugh (21. Februar 1907 in York – 29. September 1973 in Wien), englischer Schriftsteller

Auerbach, Berthold (28. Februar 1812 in Nordstetten – 8. Februar 1882 in Cannes), deutscher Schriftsteller

Augustinus, Aurelius (13. November 354 in Tagaste im heutigen Algerien – 28. August 430 in Hippo Regius im heutigen Algerien), römisch-lateinischer Bischof in Nordafrika, abendländischer Kirchenvater

B

Bacon, Francis Baron Verulam and Viscount St. Albans (22. Januar 1561 in London – 9. April 1626 ebd.), englischer Philosoph und Staatsmann

Baker, Josephine (eigentlich Freda Josephine McDonald, 3. Juni 1906 in St. Louis, Missouri – 12. April 1975 in Paris), amerikanische Tänzerin, Sängerin und Schauspielerin

Balthasar, Hans Urs von (12. August 1905 in Luzern – 26. Juni 1988 in Basel), Schweizer Theologe

Balzac, Honoré de (20. Mai 1799 in Tours – 18. August 1850 in Paris), französischer Schriftsteller

Beecher, Henry Ward (24. Juni 1813 in Litchfield, Connecticut – 8. März 1887 in New York), amerikanischer Prediger

Beerbohm, Sir Henry Maximilian (24. August 1872 in London – 20. Mai 1956 in Rapallo, Italien), englischer Theaterkritiker, Karikaturist und Essayist

Bengel, Johann Albrecht (24. Juni 1687 in Winnenden – 2. November 1752 in Stuttgart), schwäbischer Theologe

Benjamin, Walter (15. Juli 1892 in Berlin – 26. September 1940 in Portbou, Spanien), deutscher Philosoph, Gesellschaftstheoretiker, Literaturkritiker und Übersetzer

Bernanos, Georges (20. Februar 1888 in Paris – 5. Juli 1948 in Neuilly-sur-Seine), französischer Schriftsteller

Bernhard von Clairvaux (um 1090 auf der Burg Fontaines bei
  Dijon – 20. August 1153 in Clairvaux), Abt des Zisterzienser-
  ordens und Mystiker

Boccaccio, Giovanni (1313 in Florenz oder Certaldo – 21. Dezember 1375 in Certaldo bei Florenz), italienischer Schriftsteller und Dichter

Böll, Heinrich (21. Dezember 1917 in Köln – 16. Juli 1985 in
  Kreuzau-Langenbroich), deutscher Schriftsteller und Übersetzer, 1972 Nobelpreis für Literatur

Bonhoeffer, Dietrich (4. Februar 1906 in Breslau – 9. April 1945
  im KZ Flossenbürg), deutscher evangelischer Theologe

Börne, Carl Ludwig (6. Mai 1786 im jüdischen Getto von Frankfurt am Main – 12. Februar 1837 in Paris), deutscher Journalist,
  Literatur- und Theaterkritiker

Brecht, Bertolt (10. Februar 1898 in Augsburg – 14. August 1956
  in Berlin), deutscher Schriftsteller, Dramatiker, Regisseur und
  Lyriker

Browne, Sir Thomas (19. Oktober 1605 in London – 19. Oktober
  1682 in Norwich), englischer Philosoph

Bruckner, Josef Anton (4. September 1824 in Ansfelden, Ober-
  österreich – 11. Oktober 1896 in Wien), österreichischer Komponist

Buber, Martin (8. Februar 1878 in Wien – 13. Juni 1965 in Jeru-
  salem), österreichischer Schriftsteller, Religionsforscher und
  Religionsphilosoph

Buck, Pearl S. (Sydenstricker) (Pseudonym John Sedges, 26. Juni
  1892 in Hillsboro, West-Virginia – 6. März 1973 in Danby,
  Vermont), amerikanische Schriftstellerin, 1938 Nobelpreis für
  Literatur

Buddha (Ehrentitel des Siddhartha Gautama, 560 v. Chr. in

Lumbini, Nepal – vermutl. 480 bei Kushinagara), Stifter des Buddhismus

Busch, Wilhelm (15. April 1832 in Wiedensahl bei Hannover – 9. Januar 1908 in Mechtshausen), deutscher Dichter, Maler und Zeichner

Butler, Samuel (4. Dezember 1835 in Langar bei Bingham, Nottinghamshire – 18. Juni 1902 in London), englischer Schriftsteller

C

Camus, Albert (7. November 1913 in Mondovi, Algerien – 4. Januar 1960 bei Villeblevin, Yonne, Frankreich), französischer Schriftsteller, 1957 Nobelpreis für Literatur

Canetti, Elias (25. Juli 1905 in Rustschuk, Bulgarien – 14. August 1994 in Zürich), deutschsprachiger Schriftsteller, 1981 Nobelpreis für Literatur

Capote, Truman (30. September 1924 in New Orleans – 25. August 1984 in Los Angeles), amerikanischer Schriftsteller

Carlyle, Thomas (4. Dezember 1795 in Ecclefechan, Südschottland – 5. Februar 1881 in London), schottischer Schriftsteller, Essayist und Historiker

Carrel, Alexis (28. Juni 1873 in Lyon, Frankreich – 5. November 1944 in Paris), französischer Chirurg, 1912 Nobelpreis für Medizin

Chamfort, Nicolas (eigentlich Sébastien-Roch Nicolas, 6. April 1741 in Clermont-Ferrand – 13. April 1794 in Paris), französischer Schriftsteller

Chanel, Coco (19. August 1883 in Saumur – 10. Januar 1971 in Paris), französische Modeschöpferin

Chaplin, Sir Charles Spencer, bekannt als Charlie Chaplin

(16. April 1889 in London – 25. Dezember 1977 in Vevey, Schweiz), englischer Regisseur, Produzent, Schauspieler, Komiker und Komponist

Chesterton, Gilbert Keith (29. Mai 1874 in London – 14. Juni 1936 in Beaconsfield), englischer Schriftsteller, Essayist und Journalist

Churchill, Sir Winston (30. November 1874 in Blenheim Palace, England – 24. Januar 1965 in London), britischer Premierminister 1940–1945 und 1951–1955, 1953 Nobelpreis für Literatur

Cicero, Marcus Tullius (3. Januar 106 v. Chr. in Arpinum – 7. Dezember 43 v. Chr. bei Formiae), römischer Politiker, Redner und Philosoph

Claudel, Paul (6. August 1868 in Villeneuve-sur-Fère – 23. Februar 1955 in Paris), französischer Dichter und Diplomat

Claudius, Matthias (Pseudonym Asmus, 15. August 1740 in Reinfeld, Holstein – 21. Januar 1815 in Hamburg), deutscher Dichter

Cocteau, Jean (5. Juli 1889 in Maisons-Laffitte, Paris – 11. Oktober 1963 bei Milly-la-Forêt, Paris), französischer Dichter, Filmregisseur und Graphiker

Cowper, William (26. November 1731 in Berkhamstead, Herford – 25. April 1800 in East Dereham, Norfolk), englischer Rechtsanwalt und Dichter

Curie, Marie (7. November 1876 in Warschau – 4. Juli 1934 in Sancellemoz, Frankreich), polnische Chemikerin und Physikerin

D

Delp, Alfred Friedrich (15. September 1907 in Mannheim – 2. Februar 1945 in Berlin-Plötzensee), deutscher Jesuit und

Mitglied des Kreisauer Kreises im Widerstand gegen den Nationalsozialismus

Demokrit (460 v. Chr. in Abdera, Thrakien – 371 v. Chr.), griechischer Philosoph

Demosthenes (384 v. Chr. in Paiania – 322 v. Chr. in Kalaureia), Redner und Staatsmann

Descartes, René (31. März 1596 in La Haye-Descartes, Touraine – 11. Februar 1650 in Stockholm), französischer Philosoph, Mathematiker und Naturwissenschaftler

Dickens, Charles (7. Februar 1812 in Landport bei Portsmouth, England – 9. Juni 1870 auf Gad's Hill Place in Rochester, England), englischer Schriftsteller

Dickinson, Emily (10. Dezember 1830 in Amherst, Massachusetts – 15. Mai 1886 ebd.), amerikanische Dichterin

Dostojewski, Fjodor Michailowitsch (11. November 1821 in Moskau – 9. Februar 1881 in St. Petersburg), russischer Schriftsteller und Dichter

Doyle, Sir Arthur Ignatius Conan (22. Mai 1859 in Edinburgh – 7. Juli 1930 in Crowborough, Sussex), britischer Schriftsteller

Droste-Hülshoff, Annette von (10., 12. oder 14. Januar 1797 auf Burg Hülshoff bei Havixbeck, Nordrhein-Westfalen – 24. Mai 1848 in Meersburg am Bodensee), deutsche Schriftstellerin

E

Ebeling, Gerhard (6. Juli 1912 in Berlin – 30. September 2001 in Zürich), deutscher evangelischer Theologe

Ebner-Eschenbach, Marie von (13. September 1830 auf Schloss Zdislawitz bei Kremsier, Mähren – 12. März 1916 in Wien), österreichische Schriftstellerin

Eckhart, genannt Meister Eckhart (um 1260 bei Gotha – 1327/1328 in Köln oder Avignon), deutscher Dominikaner, Theologe, Mystiker und Philosoph

Einstein, Albert (14. März 1879 in Ulm – 18. April 1955 in Princeton, USA), deutsch-amerikanischer Physiker, 1921 Nobelpreis für Physik

Eliot, George (eigentlich Mary Ann Evans, 22. November 1819 in Nuneaton, Grafschaft Warwickshire – 22. Dezember 1880 in London), englische Schriftstellerin

Eliot, T(homas) S(tearns) (26. September 1888 in Saint Louis, Missouri – 4. Januar 1965 in London), Lyriker, Dramatiker und Essayist, 1948 Nobelpreis für Literatur

Emerson, Ralph Waldo (25. Mai 1803 in Boston – 27. April 1882 in Concord, Massachusetts), amerikanischer Philosoph und Dichter

Epikur (um 341 v. Chr. auf Samos – um 270 v. Chr. in Athen), griechischer Philosoph

Euripides (480 v. Chr. oder 485/484 v. Chr. in Salamis – 406 v. Chr. in Pella), griechischer Dichter

F

Ferstl, Ernst (19. Februar 1955 in Niederösterreich), österreichischer Autor

Feuerbach, Ludwig (28. Juli 1904 in Landshut – 13. September 1872 in Nürnberg), deutscher Philosoph

Fock, Gorch (eigentlich Johann Wilhelm Kinau, 22. August 1880 in Finkenwerder – 31. Mai 1916 in der Seeschlacht am Skagerrak), deutscher Dichter

Fontane, Heinrich Theodor (30. Dezember 1819 in Neuruppin – 20. September 1898 in Berlin), deutscher Schriftsteller

Fontenelle, Bernard le Bovier de (11. Februar 1657 in Rouen – 9. Januar 1757 in Paris), französischer Schriftsteller

Ford, Henry (30. Juli 1863 in Wayne County, Michigan – 7. April 1947 in Dearborn, Michigan), Gründer des Automobilherstellers Ford Motor Company

France, Anatole (eigentlich Anatole François Thibault, 16. April 1844 in Paris – 12. Oktober 1924 in Saint-Cyr-sur-Loire), französischer Schriftsteller, 1921 Nobelpreis für Literatur

Frankl, Viktor Emil (26. März 1905 in Wien – 2. September 1997 in Wien), Neurologe und Psychiater

Franklin, Benjamin (17. Januar 1706 in Boston – 17. April 1790 in Philadelphia) amerikanischer Staatsmann, Verleger, Schriftsteller, Naturwissenschaftler, Erfinder, Naturphilosoph und einer der Gründerväter der Vereinigten Staaten

Franz von Assisi (um 1181/1182 in Assisi, Italien – 3. Oktober 1226 ebd.), Gründer des Franziskanerordens

Franz von Sales (21. August 1567 auf Schloss Sales bei Annecy – 28. Dezember 1622 in Lyon), französischer Theologe und Schriftsteller

Freud, Sigmund (6. Mai 1856 in Freiberg, Mähren – 23. September 1939 in London), österreichischer Neurologe, Begründer der Psychoanalyse

Fried, Erich (6. Mai 1921 in Wien – 22. November 1988 in Baden-Baden), österreichischer Lyriker, Übersetzer und Essayist

Frisch, Max (15. Mai 1911 in Zürich – 4. April 1991 ebd.), schweizerischer Schriftsteller

Fromm, Erich (23. März 1900 in Frankfurt am Main – 18. März 1980 in Locarno), deutsch-amerikanischer Psychoanalytiker

Fuller, Thomas (1608 in Aldwinkle – 16. August 1661), englischer Theologe, Philosoph und Historiker

G

Galilei, Galileo (15. Februar 1564 in Pisa – 8. Januar 1642 in Ar-
cetri bei Florenz), italienischer Mathematiker, Physiker und
Astronom

Gandhi, Mahatma (2. Oktober 1869, in Porbandar, Indien –
30. Januar 1948 in Neu Delhi), indischer Freiheitskämpfer,
Philosoph und Staatsmann

Gaulle, Charles André Joseph Marie de (22. November 1890 in
Lille – 9. November 1970 in Colombey-les-deux-Églises),
französischer General und Staatspräsident

Gellert, Christian Fürchtegott (4. Juli 1715 in Hainichen – 13. Dezember 1769 in Leipzig), deutscher Dichter

Gibran, Khalil (6. Januar 1883 in Bischarri, Libanon – 10. April
1931 in New York), libanesisch-amerikanischer Maler, Philosoph und Dichter

Gide, André Paul Guillaume (22. November 1869 in Paris –
19. Februar 1951 in Paris), französischer Schriftsteller

Giraudoux, Jean (29. Oktober 1882 in Bellac, Haute-Vienne –
31. Januar 1944 in Paris), französischer Schriftsteller

Goethe, Johann Wolfgang von (28. August 1749 in Frankfurt am
Main – 22. März 1832 in Weimar), deutscher Dichter, Naturwissenschaftler und Kunsttheoretiker

Gogh, Vincent van (30. März 1853 bei Breda, Niederlande –
29. Juli 1890 in Auvers-sur-Oise, Frankreich), niederländischer
Maler

Gotthelf, Jeremias (eigentlich Albert Bitzius, 4. Oktober 1797 in
Murten, Kanton Bern – 22. Oktober 1854 in Lützelflüh, Kanton Bern), Schriftsteller und Pfarrer

Greene, Graham (2. Oktober 1904 in Berkhamsted, Hertford-
shire – 3. April 1991 in Vevey, Schweiz), britischer Schriftsteller

Grillparzer, Franz (15. Januar 1791 in Wien – 21. Januar 1872 in Wien), österreichischer Schriftsteller

Guardini, Romano (17. Februar 1885 in Verona – 1. Oktober 1968 in München), deutsch-italienischer katholischer Philosoph und Religionsphilosoph

H

Hammarskjöld, Dag Hjalmar Agne Carl (29. Juli 1905 in Jönköping, Schweden – 18. September 1961 bei Ndola, Sambia), schwedischer Politiker

Hebbel, Christian Friedrich (18. März 1813 in Wesselburen, Dithmarschen – 13. Dezember 1863 in Wien), deutscher Dichter

Hegel, Georg Wilhelm Friedrich (27. August 1770 in Stuttgart – 14. November 1831 in Berlin), deutscher Philosoph

Heine, Christian Johann Heinrich (eigentlich Harry Heine, 13. Dezember 1797 in Düsseldorf – 17. Februar 1856 in Paris), deutscher Dichter und Journalist

Hemingway, Ernest Miller (21. Juli 1899 in Oak Park, Illinois – 2. Juli 1961 in Ketchum, Idaho), amerikanischer Schriftsteller, 1954 Nobelpreis für Literatur

Herder, Johann Gottfried von (25. August 1744 in Mohrungen, Ostpreußen – 18. Dezember 1803 in Weimar), deutscher Dichter, Übersetzer, Theologe und Philosoph

Hesse, Hermann (Pseudonym Emil Sinclair, 2. Juli 1877 in Calw – 9. August 1962 in Montagnola, Schweiz) deutsch-schweizerischer Dichter, Schriftsteller und Maler, 1946 Nobelpreis für Literatur

Heyse, Paul Johann Ludwig von (15. März 1830 in Berlin – 2. April 1914 in München), deutscher Schriftsteller

Hildegard von Bingen (um 1098 – 17. September 1179 im Kloster Rupertsberg bei Bingen), Benediktinerin und Mystikerin

Hölderlin, Johann Christian Friedrich (20. März 1770 in Lauffen am Neckar – 7. Juni 1843 in Tübingen), deutscher Lyriker

Hofmannsthal, Hugo von (1. Februar 1874 in Wien – 15. Juli 1929 in Rodaun bei Wien), österreichischer Schriftsteller, Dramatiker und Lyriker

Horaz (eigentlich Quintus Horatius Flaccus, 8. Dezember 65 v. Chr. in Venosa – 27. November 8 v. Chr.), römischer Dichter

Hubbard, Elbert Green (19. Juni 1859 in Bloomington, Illinois – 7. Mai 1915 im Nordatlantik), amerikanischer Schriftsteller und Verleger

Humboldt, Wilhelm Freiherr von (22. Juni 1767 in Potsdam – 8. April 1835 in Tegel), deutscher Philosoph, Sprachforscher und preußischer Staatsmann

I/J

Ingersoll, Robert Green (11. August 1833 in Dresden, New York – 21. Juli 1899 in Dobbs Ferry, New York), amerikanischer Jurist

Ionesco, Eugène (26. November 1909 in Slatina, Rumänien – 28. März 1994 in Paris), französischer Dramatiker

Irenäus von Lyon (ca. 135 in Kleinasien – 202 in Gallien), Bischof und einer der Kirchenväter

Jaurès, Jean (3. September 1859 in Castres, Tarn, Frankreich – 31. Juli 1914 in Paris), französischer Politiker und Historiker

Jean Paul (eigentlich Johann Paul Friedrich Richter, 21. März 1763 in Wunsiedel – 14. November 1825 in Bayreuth), deutscher Schriftsteller

Jefferson, Thomas (13. April 1743 in Shadwell, Virginia – 4. Juli

1826 in Monticello, Virginia), amerikanischer Staatsmann, 3. Präsident der USA 1801– 1809

Jiménez, Juan Ramón (24. Dezember 1881 in Moguer, Andalusien – 29. Mai 1958 in Santurce, San Juan, Puerto Rico), spanischer Dichter, 1956 Nobelpreis für Literatur

Johnson, Samuel (18. September 1709 in Lichfield – 13. Dezember 1784 in London), englischer Schriftsteller und Dichter

Juliana von Norwich (um 1342 in England – nach 1413), englische Mystikerin

Jung, Carl Gustav (26. Juli 1875 in Kesswil, Schweiz – 6. Juni 1961 in Küsnacht, Schweiz), Schweizer Psychoanalytiker

K

Kafka, Franz (3. Juli 1883 in Prag – 3. Juni 1924 in Kierling bei Klosterneuburg, Österreich), deutschsprachiger Schriftsteller

Kant, Immanuel (22. April 1724 in Königsberg – 12. Februar 1804 ebd.), deutscher Philosoph

Kästner, Erich (23. Februar 1899 in Dresden – 29. Juli 1974 in München), deutscher Schriftsteller, Drehbuchautor und Kabarettist

Keats, John (29. Oktober oder 31. Oktober 1795 in London – 23. Februar 1821 in Rom), englischer Dichter

Keller, Gottfried (19. Juli 1819 in Zürich – 15. Juli 1890 ebd.), schweizerischer Dichter

Keller, Helen (27. Juni 1880 in Tuscumbia, Alabama – 1. Juni 1968 in Westport, Connecticut), taubblinde amerikanische Schriftstellerin

Kennedy, John Fitzgerald (29. Mai 1917 in Brookline, Massachusetts – 22. November 1963 in Dallas), amerikanischer Staatsmann und 35. Präsident der USA 1961–1963

Kleist, Heinrich Wilhelm von (18. Oktober 1777 in Frankfurt/ Oder – 21. November 1811 in Wannsee, Berlin), deutscher Dramatiker, Erzähler, Lyriker und Publizist

Kolping, Adolph (8. Dezember 1813 in Kerpen bei Köln – 4. Dezember 1865 in Köln), deutscher katholischer Priester und Begründer des Kolpingwerkes

Konfuzius (551 v. Chr. in Qufu – 479 v. Chr. ebd.), chinesischer Philosoph

L

Lacordaire, Jean Baptiste Henri (12. Mai 1802 in Recey-sur-Ource, Département Côte d'Or – 21. November 1861 in Sorrèze), französischer Dominikaner, Prediger und Theologe

Lamartine, Alphonse de (21. Oktober 1790 in Mâcon – 28. Februar 1869 in Paris), französischer Dichter, Schriftsteller und Politiker

Laotse (4.–3. Jhd. v. Chr.), chinesischer Philosoph

Lessing, Gotthold Ephraim (22. Januar 1729 in Kamenz, Sachsen – 15. Februar 1781 in Braunschweig), deutscher Dichter

Lichtenberg, Georg Christoph (1. Juli 1742 in Ober-Ramstadt – 24. Februar 1799 in Göttingen), deutscher Schriftsteller, Mathematiker und Physiker

Lincoln, Abraham (12. Februar 1809 bei Hodgenville, Kentucky – 15. April 1865 in Washington), amerikanischer Staatsmann und 16. Präsident der USA 1861–1865

Livingstone, David (19. März 1813 in Blantyre bei Glasgow – 1. Mai 1873 in Chitambo, Sambia), schottischer Missionar und Afrikaforscher

Lloyd George, David (17. Januar 1863 in Manchester – 26. März 1945 in Llanystumdwy), britischer Politiker

Luther King, Martin (15. Januar 1929 in Atlanta, Georgia –
4. April 1968 in Memphis, Tennessee), amerikanischer Bürger-
rechtler

M

Malaparte, Curzio (eigentlich Kurt Erich Suckert, 9. Juni 1898
in Prato, Toskana – 19. Juli 1957 in Rom), italienischer Schriftsteller und Journalist

Malraux, André (3. November 1901 in Paris – 23. November 1976
in Créteil), französischer Schriftsteller und Politiker

Mann, Thomas (6. Juni 1875 in Lübeck – 12. August 1955 in
Zürich), deutscher Schriftsteller,1929 Nobelpreis für Literatur

Mansfield, Katherine (14. Oktober 1888 in Wellington, Neusee-
land – 9. Januar 1923 in Fontainebleau, Frankreich), neusee-
ländisch-britische Schriftstellerin

Marcel, Gabriel (7. Dezember 1889 in Paris – 8. Oktober 1973
ebd.), französischer Philosoph

Mark Aurel (auch Marcus Aurelius, eigentlich Marcus Annius
Verus, 26. April 121 in Rom – 17. März 180 wahrscheinlich in
Vindobona (Wien)), römischer Kaiser von 161 bis 180

Maugham, William Somerset (25. Januar 1874 in Paris – 16. Dezember 1965 in Saint-Jean-Cap-Ferrat, Nizza), britischer Erzähler und Dramatiker

Mauriac, François (11. Oktober 1885 in Bordeaux – 1. September
1970 in Paris), französischer Schriftsteller

Maurier, Daphne du (13. Mai 1907 in London – 19. April 1989 in
Par, Cornwall), britische Schriftstellerin

Mill, John Stuart (20. Mai 1806 in Pentonville, London – 8. Mai
1873 in Avignon), englischer Philosoph und Ökonom

Miller, Henry (26. Dezember 1891 in New York – 7. Juni 1980 in Los Angeles), amerikanischer Schriftsteller

Milton, John (9. Dezember 1608 in London – 8. November 1674 in Chalfont St. Giles, England), englischer Dichter und Staatsphilosoph

Mitropoulos, Dimitri (18. Februar 1896 in Athen – 2. November 1960 in Mailand), griechisch-amerikanischer Dirigent, Komponist und Pianist

Modersohn-Becker, Paula (8. Februar 1876 in Dresden – 20. November 1907 in Worpswede), deutsche Malerin

Morgenstern, Christian (6. Mai 1871 in München – 31. März 1914 in Meran), deutscher Dichter und Schriftsteller

Mörike, Eduard Friedrich (8. September 1804 in Ludwigsburg – 4. Juni 1875 in Stuttgart), deutscher Lyriker, Erzähler, Übersetzer und Pfarrer

Mulford, Prentice (5. April 1834 in Sag Harbor, Long Island – 27. Mai 1891 auf Long Island), amerikanischer Schriftsteller

Musil, Robert (6. November 1880 in Klagenfurt, Kärnten – 15. April 1942 in Genf, Schweiz), österreichischer Schriftsteller und Theaterkritiker

N

Napoléon Bonaparte (15. August 1769 in Ajaccio, Korsika, als Napoleon Buonaparte – 5. Mai 1821 in Longwood House auf St. Helena, Süd-Atlantik), französischer Staatsmann und Feldherr

Newton, Sir Isaac (4. Januar 1643 in Woolsthorpe, England – 31. März 1727 in London), englischer Physiker, Mathematiker, Astronom und Philosoph

Nietzsche, Friedrich Wilhelm (15. Oktober 1844 in Röcken bei Lützen – 25. August 1900 in Weimar), deutscher Philosoph

Niklaus von Flüe oder Bruder Klaus (1417 – 21. März 1487 auf dem Flüeli bei Sachseln, Kanton Obwalden), Schweizer Einsiedler und Mystiker

Novalis (eigentlich Friedrich Leopold Freiherr von Hardenberg, 2. Mai 1772 auf Schloss Oberwiederstedt, Sachsen-Anhalt – 25. März 1801 in Weißenfels, Sachsen-Anhalt), deutscher Dichter

O

Ortega y Gasset, José (9. Mai 1883 in Madrid – 18. Oktober 1955 ebd.), spanischer Philosoph, Soziologe und Schriftsteller

Ovid (eigentlich Publius Ovidius Naso, 20. März 43 v. Chr. in Sulmo (Sulmona), Italien – ca. 17/18 n. Chr. in Tomis (Constanta), Rumänien), römischer Dichter

P–Q

Paine, Thomas (29. Januar 1737 in Thetford, England – 8. Juni 1809 in New York), amerikanischer Philosoph

Pagnol, Marcel (28. Februar 1895 in Aubagne, Südfrankreich – 18. April 1974 in Paris), französischer Schriftsteller, Dramaturg und Regisseur

Pascal, Blaise (19. Juni 1623 in Clermont-Ferrand – 19. August 1662 in Paris), französischer Mathematiker und Philosoph

Pavese, Cesare (9. September 1908 in Santo Stefano Belbo – 27. August 1950 in Turin), italienischer Schriftsteller

Penn, William (14. Oktober 1644 in London – 30. Juli 1718 in Ruscombe, Berkshire), englischer Quäker, Politiker und Schriftsteller

Pessoa, Fernando (13. Juni 1888 in Lissabon – 30. November 1935 ebd.), portugiesischer Dichter und Schriftsteller

Planck, Max Karl Ernst Ludwig (23. April 1858 in Kiel – 4. Oktober 1947 in Göttingen), deutscher Physiker, 1918 Nobelpreis für Physik

Platon (427 v. Chr in Athen – 348/347 v. Chr. in Athen), griechischer Philosoph

Proust, Marcel (10. Juli 1871 in Auteuil – 18. November 1922 in Paris), französischer Schriftsteller

Plutarch (um 46 bei Chaironeia – um 125), griechischer philosophischer Schriftsteller

Quincey, Thomas de (15. August 1785 in Manchester, Großbritannien – 8. Dezember 1859 in Edinburgh), englischer Schriftsteller, Essayist und Journalist

R

Raabe, Wilhelm (Pseudonym Jakob Corvinus, 8. September 1831 in Eschershausen – 15. November 1910 in Braunschweig), deutscher Schriftsteller

Rahner, Karl (5. März 1904 in Freiburg im Breisgau – 30. März 1984 in Innsbruck), deutscher katholischer Theologe

Remarque, Erich Maria (eigentlich Erich Paul Remark, 22. Juni 1898 in Osnabrück – 25. September 1970 in Locarno), deutscher Schriftsteller

Riis, Jacob August (3. Mai 1849 in Ribe, Dänemark – 26. Mai 1914 in Barre, Massachusetts), amerikanischer Journalist und Fotograf

Rilke, Rainer Maria (eigentlich René Maria, 4. Dezember 1875 in Prag – 29. Dezember 1926 in Valmont, Montreux), österreichischer Dichter

Ross, Sir James Clark (15. April 1800 in London – 3. April 1862 bei Aylesbury), englischer Entdecker und Seefahrer

Rousseau, Jean-Jacques, (28. Juni 1712 in Genf – 2. Juli 1778 in Ermenonville), französischer Moralphilosoph und Schriftsteller schweizerischer Herkunft

Rubin, Isaac Theodore (11. April 1923), amerikanischer Psychiater und Schriftsteller

Ruskin, John (8. Februar 1819 in London – 20. Januar 1900 in Brantwood, Lancashire), englischer Schriftsteller, Maler, Kunsthistoriker und Wirtschaftswissenschaftler

S

Sachs, Nelly (eigentlich Leonie Sachs,10. Dezember 1891 in Berlin – 12. Mai 1970 in Stockholm), deutsch-schwedische Schriftstellerin und Lyrikerin, 1966 Nobelpreis für Literatur

Saint-Exupéry, Antoine de (eigentlich Comte Marie Roger Graf von Saint-Exupéry, 29. Juni 1900 in Lyon – 31. Juli 1944), französischer Pilot und Schriftsteller

Sartre, Jean-Paul Charles Aymard (21. Juni 1905 in Paris – 15. April 1980 ebd.), französischer Schriftsteller und Philosoph

Schiller, (Johann Christoph) Friedrich von (10. November 1759 in Marbach am Neckar – 9. Mai 1805 in Weimar), deutscher Dichter

Schlegel, Karl Wilhelm Friedrich von (10. März 1772 in Hannover – 12. Januar 1829 in Dresden), deutscher Philosoph, Kritiker, Literaturhistoriker und Übersetzer

Schnitzler, Arthur (15. Mai 1862 in Wien – 21. Oktober 1931 ebd.), österreichischer Schriftsteller

Schopenhauer, Arthur (22. Februar 1788 in Danzig – 21. September 1860 in Frankfurt am Main), deutscher Philosoph

Schweitzer, Albert (14. Januar 1875 in Kaysersberg bei Colmar – 4. September 1965 in Lambaréné, Gabun), elsässischer evangelischer Theologe, Arzt, Musiker und Philosoph

Seneca, Lucius Annaeus (genannt Seneca der Jüngere, etwa 4 v. Chr. in Córdoba – 65 n. Chr. in Rom), römischer Politiker, Philosoph und Dichter

Shakespeare, William (vermutlich 23. April 1564 in Stratford-upon-Avon – 23. April 1616 ebd.), englischer Dichter und Dramatiker

Shaw, George Bernhard (26. Juli 1856 in Dublin, Irland – 2. November 1950 in Ayot Saint Lawrence, England), irischer Schriftsteller, 1925 Nobelpreis für Literatur

Stein, Edith (12. Oktober 1891 in Breslau – 9. August 1942 im KZ Auschwitz-Birkenau), deutsche Philosophin

Stein, Gertrude (3. Februar 1874 in Allegheny, Pennsylvania – 27. Juli 1946 in Paris), amerikanische Schriftstellerin und Verlegerin

Steinbeck, John (27. Februar 1902 in Salinas, Kalifornien – 20. Dezember 1968 in New York), amerikanischer Schriftsteller

Stendhal (eigentlich Marie-Henri Beyle, 23. Januar 1783 in Grenoble – 23. März 1842 in Paris), französischer Schriftsteller

Stifter, Adalbert (23. Oktober 1805 in Oberplan, Böhmen – 28. Januar 1868 in Linz), österreichischer Schriftsteller, Maler und Pädagoge

Strawinsky, Igor (17. Juni 1882 in Oranienbaum, Russland – 6. April 1971 in New York), amerikanischer Komponist russischer Herkunft

Syrus, Publilius (um 50 v. Chr.), römischer Lustspieldichter

T

Tagore, Rabindranath (6. Mai 1861 in Kalkutta – 7. August 1941 in Santiniketan, Bengalen), indischer Dichter und Philosoph, 1913 Nobelpreis für Literatur

Tauler, Johannes (um den 2. Mai 1301 in Straßburg – 15. Juni 1361 ebd.), deutscher Theologe und Mystiker

Teresa von Ávila (28. März 1515 in Ávila, Kastilien – 4. Oktober 1582 in Alba de Tormes, bei Salamanca), Karmelitin und Mystikerin

Thérèse von Lisieux, (2. Januar 1873 in Alençon – 30. September 1897 in Lisieux), katholische Nonne aus dem Karmelitinnen-Orden

Thomas von Aquin (Thomas Aquinas, um 1224/1225 auf Burg Roccasecca bei Aquino – 7. März 1274 in Fossanova), scholastischer Theologe und Philosoph

Thoreau, Henry David (12. Juli 1817 in Concord, Massachusetts – 6. Mai 1862 ebd.), amerikanischer Schriftsteller und Philosoph

Tolstoi, Leo (Lew Nikolajewitsch Graf, 9. September 1828 in Jasnaja Poljana – 20. November 1910 in Astapowo), russischer Schriftsteller

Tucholsky, Kurt (9. Januar 1890 in Berlin – 21. Dezember 1935 in Göteborg), deutscher Journalist und Schriftsteller

Twain, Mark (eigentlich Samuel Langhorne Clemens, 30. November 1835 in Florida, Missouri – 21. April 1910 in Redding, Connecticut), amerikanischer Schriftsteller

U–Z

Vergil (eigentlich Publius Vergilius Maro, 15. Oktober 70 v. Chr. in Andes bei Mantua – 21. September 19 v. Chr. in Brindisi), römischer Dichter

Voltaire, (eigentlich François-Marie Arouet, 21. November 1694 in Paris – 30. Mai 1778 ebd.), französischer Philosoph und Dichter

Wagner, Richard (22. Mai 1813 in Leipzig – 13. Februar 1883 in Venedig), deutscher Komponist

Wayne, John (eigentlich Marion Robert Morrison, 26. Mai 1907 in Winterset, Iowa – 11. Juni 1979 in Los Angeles), amerikanischer Filmschauspieler

Whitman, Walt (31. Mai 1819 in Westhills, New York – 26. März 1892 in Camden, New Jersey), amerikanischer Dichter

Wilde, Oscar Fingal O'Flahertie Wills (16. Oktober 1854 in Dublin – 30. November 1900 in Paris), englisch-irischer Schriftsteller

Wilder, Thornton Niven (17. April 1897 in Madison, Wisconsin – 7. Dezember 1975 in Hamden, Connecticut), amerikanischer Schriftsteller

Williams, Tennessee (eigentlich Thomas Lanier Williams, 26. März 1911 in Columbus, Mississippi – 25. Februar 1983 in New York), amerikanischer Schriftsteller

Wittgenstein, Ludwig (26. April 1889 in Wien – 29. April 1951 in Cambridge), österreichischer Philosoph

Zink, Jörg (22. November 1922 in Schlüchtern-Elm), deutscher evangelischer Theologe und Publizist

Zweig, Stefan (28. November 1881 in Wien – 22. Februar 1942 in Petrópolis, Rio de Janeiro), österreichischer Schriftsteller

Bibel

Als Bibel bezeichnen das Judentum und das Christentum jeweils eine eigene Sammlung religiöser Schriften, die für sie das Wort Gottes enthalten und als Heilige Schrift Urkunden ihres Glaubens sind.

Zen

Zen-Buddhismus oder Zen ist eine in China ab etwa dem 5. Jahrhundert unserer Zeitrechnung entstandene Linie des Mahayana-Buddhismus, die wesentlich vom Daoismus beeinflusst wurde.